2021
RESEARCH REPORT ON THE INTEGRATED DEVELOPMENT OF URBAN AND RURAL TRANSPORTATION

城乡交通运输一体化发展研究报告

周一鸣　田春林　王显光　等●编著

人民交通出版社股份有限公司
北　京

内 容 提 要

本报告客观呈现了2020年度中国城乡交通运输一体化发展水平与变化特征。报告分为综述篇、评估篇和专题篇3部分，共12章。报告内容涵盖了城乡交通运输发展概述、政策、成效，城乡交通运输一体化发展水平分析，以及2020年度城乡交通运输领域重点工作情况和取得的成效，并梳理总结了各地典型经验做法。

本报告可为社会公众了解城乡交通运输一体化发展状况提供基础资料，为城乡交通运输领域管理和相关科研工作等提供参考。

图书在版编目（CIP）数据

城乡交通运输一体化发展研究报告.2021/周一鸣等编著.—北京：人民交通出版社股份有限公司，2022.9

ISBN 978-7-114-18134-4

Ⅰ.①城… Ⅱ.①周… Ⅲ.①交通运输发展—研究报告—中国—2021 Ⅳ.① F512.3

中国版本图书馆 CIP 数据核字（2022）第 140189 号

Chengxiang Jiaotong Yunshu Yitihua Fazhan Yanjiu Baogao (2021)

书 名：	城乡交通运输一体化发展研究报告（2021）
著 作 者：	周一鸣　田春林　王显光　等
责任编辑：	张　琼
责任校对：	孙国靖　宋佳时
责任印制：	张　凯
出版发行：	人民交通出版社股份有限公司
地　　址：	（100011）北京市朝阳区安定门外外馆斜街3号
网　　址：	http://www.ccpcl.com.cn
销售电话：	（010）59757973
总 经 销：	人民交通出版社股份有限公司发行部
经　　销：	各地新华书店
印　　刷：	北京交通印务有限公司
开　　本：	880×1230　1/16
印　　张：	8.5
字　　数：	105千
版　　次：	2022年9月　第1版
印　　次：	2022年9月　第1次印刷
书　　号：	ISBN 978-7-114-18134-4
定　　价：	100.00元

（有印刷、装订质量问题的图书，由本公司负责调换）

编著人员

周一鸣　田春林　王显光　庞清阁　张　晨
王海洋　姜景玲　常馨玉　庄洲洋　杨　东

前言

《城乡交通运输一体化发展研究报告（2021）》（以下简称《报告》）是关于中国城乡交通运输领域的年度发展报告。《报告》力争通过跟踪监测、梳理分析城乡交通运输一体化发展的大数据，客观呈现全国城乡交通运输一体化发展水平与变化特征，为开展城乡交通运输一体化发展规划、建设与管理工作提供参考。

《报告》分为综述篇、评估篇和专题篇3个部分。综述篇由田春林、周一鸣、庞清阁负责，总体概述了城乡交通运输一体化发展历程、相关政策和取得的成效。评估篇由周一鸣、王海洋、常馨玉、姜景玲、庄洲洋、杨东负责，主要依据《交通运输部办公厅关于开展城乡交通运输一体化发展水平自评估工作的通知》（交办运函〔2019〕752号）提出的《城乡交通运输一体化发展指标体系》和《城乡交通运输一体化发展指标计算方法》，分析了我国城乡交通运输一体化发展水平。专题篇由王显光、周一鸣、张晨负责，综述了2020年度城乡交通运输领域重点工作情况和取得的成效，梳理总结了各地典型经验做法。

《报告》主要数据来源于各省（自治区、直辖市）和新疆生产建设兵团 2021 年城乡交通运输一体化发展水平自评估报告、《2020 年道路运输统计分析报告和资料汇编》《2020 年度全国公路养护统计年报》《2020 年城乡建设统计年鉴》《中国主要城市道路网密度与运行状态监测报告（2021 年度）》等统计资料，因数据时空覆盖性、核算边界标准不一致等原因，相关指标值可能存在一定偏差，《报告》分析结果仅供参考。我们将在今后研究中不断改进，恳请读者提出批评意见。

《报告》的编写得到了交通运输部运输服务司的大力支持，在此致以诚挚的感谢。

编著者

2022 年 5 月

目录

综述篇 ··· 1

第1章 城乡交通运输发展概述 ··· 3
    1.1 城乡交通运输发展历程 ·· 3
    1.2 新时代对城乡交通运输发展提出新要求 ······································· 5

第2章 城乡交通运输发展政策 ··· 9
    2.1 城乡交通运输顶层政策持续深化 ··· 9
    2.2 城乡交通运输评估体系不断完善 ··· 10
    2.3 城乡交通运输示范工程有序开展 ··· 11

第3章 城乡交通运输发展成效 ··· 13
    3.1 城乡交通基础设施建设加快发展 ··· 13
    3.2 城乡客运服务水平显著提升 ·· 14
    3.3 城乡物流服务体系逐步建立 ·· 16
    3.4 城乡交通运输环境日趋完善 ·· 17

评估篇 ··· 19

第4章 城乡交通运输一体化总体发展水平 ·· 21
    4.1 城乡交通运输一体化评估得分情况 ··· 21
    4.2 县级评估对象发展水平等级情况 ··· 23

第5章 城乡基础设施一体化发展水平 ·· 27
    5.1 农村公路发展水平 ·· 27

5.2　城市建成区路网密度和道路面积率 …………………… 33
　　5.3　客货运输场站一体化水平 …………………………… 37
第6章　城乡客运服务一体化发展水平 …………………………… 41
　　6.1　城乡客运覆盖率 ……………………………………… 41
　　6.2　城乡客运服务方式 …………………………………… 44
　　6.3　城乡客运安全水平 …………………………………… 49
　　6.4　城乡客运信息化水平 ………………………………… 51
第7章　城乡货运物流服务一体化发展水平 ……………………… 59
　　7.1　建制村农村物流服务覆盖率 ………………………… 59
　　7.2　乡镇农村物流节点覆盖率 …………………………… 61
　　7.3　运输站场综合利用率 ………………………………… 63
第8章　城乡交通运输一体化发展环境 …………………………… 67
　　8.1　组织保障情况 ………………………………………… 67
　　8.2　安全保障情况 ………………………………………… 71
　　8.3　经费保障情况 ………………………………………… 75
　　8.4　跨业融合情况 ………………………………………… 77
　　8.5　规划及管理保障情况 ………………………………… 81

专题篇 ……………………………………………………………… 87

第9章　城乡交通运输一体化示范县创建工作成效 ……………… 89
　　9.1　城乡交通运输一体化示范县创建工作取得积极成效 … 89
　　9.2　第一批城乡交通运输一体化示范县典型经验做法 …… 93
第10章　具备条件的乡镇和建制村通客车全面实现 ……………… 99
　　10.1　具备条件的乡镇和建制村通客车工作推进情况 …… 99
　　10.2　乡镇和建制村通客车工作成果显著 ……………… 101

  10.3 农村客运发展典型经验做法 …………………………………… 103

第11章 创建推广农村物流服务品牌 …………………………………… 107

  11.1 持续开展农村物流服务品牌创建推广工作 ………………… 107

  11.2 农村物流发展典型经验做法 …………………………………… 108

第12章 抗击新冠肺炎疫情 …………………………………………… 111

  12.1 城乡交通运输行业统筹做好新冠肺炎疫情防控工作 … 111

  12.2 城乡交通运输行业应对新冠肺炎疫情典型做法 ……… 113

附录1 城乡交通运输一体化发展指标体系 …………………………… 115

附录2 城乡交通运输一体化发展指标计算方法 …………………… 116

综述篇

第1章 城乡交通运输发展概述

1.1 城乡交通运输发展历程

我国城乡交通运输发展可以划分为缓慢发展、快速发展、一体化起步发展和一体化快速发展4个阶段。

一是缓慢发展阶段（中华人民共和国成立至20世纪80年代初）。中华人民共和国成立初期，我国交通运输发展极为落后，经历了20世纪50年代初到70年代末的恢复性发展，城乡交通基础设施得到了一定程度的完善。城乡间客运主要是由县（市）城区到达乡镇的运输，旅客运输量不大，班次较少，服务主要目标是"能够走得了"。在严格的计划经济体制下，建立客运运输企业、购置车辆或增加运力，都要经过各级计划部门立项批准，由相应的财政部门解决资金供给，客运市场基本是高度集权体制下的行政垄断或"行政命令"。客运管理实行城乡二元管理体制城市之间和乡村道路运输由交通部门管理、大中城市公共交通由城建部门管理。城乡物流方面，当时实行的是高度集中的经济计划体制，由国家来组织国民经济的运行和多数产品的生产，主要关注的是增加产品的数量，以保证人民的基本需求，各要素都是以单个活动分别进行的，尚未形成系统管理物流活动的思想和机制。

二是快速发展阶段（20世纪80年代初至21世纪初）。中共十一届三中全会后，全国经济步入持续、快速发展轨道，运输需求旺盛，"要想富、先修路"逐步为全社会所认识和接受。随着国家经济实力的增强，城乡道路基础设施建设速度逐步加快，公路技术等级逐步提高，为城乡交通运输发展奠定了一定基础。我国道路运输在20世纪80年代出现"全面紧张"的局面，1982年，国家经济贸易委员会和交通部为缓解交通运输紧张局面，联合发表声明，实行"有路大家跑车，有水大家行船""国营、集体、个体一起上"的开放政策，大批的集体、个体业户涌入城乡运输市场，基本形成"国营、集体、个体"三分天下的格局，市场竞争在道路运输行业资源配置的基础作用开始发挥，特别是随着社会主义市场经济体制不断建立完善，城乡运输市场发生了诸多变化，多种灵活机动的经营组织管理方式，顺应了经济快速增长下城市与乡村间运输需求，也促进了国有客运企业改变其呆板的经营组织管理方式。城乡交通运输框架体系基本建立，到1990年"全面紧张"的局面得到"初步缓解"。但是，从20世纪90年代中后期到21世纪初的几年，随着我国城市和乡村人民生活水平的不断改善，城镇化进程不断加速，城乡交往不断深入，人员往来、要素传递不断增加，需求呈现多层次、多类型重叠交织并存状态。这种变化使城乡交通运输分割所产生的弊端逐步显现，主要表现为：城乡道路基础设施不能满足城乡一体化要求；城乡二元管理体制制约一体化运输发展；财政、税费等政策不一，造成经营环境不公平等。随着城镇化快速发展，城乡交通运输分割问题越来越严峻。

三是一体化起步发展阶段（21世纪初至2008年初）。在党的十六大"统筹城乡发展"的思想指导下，城乡一体化发展被提到一个崭新的高度。党中央、国务院重视解决"农村、农业、农民"问题，交通部门加大了对农村公路、站场和运输服务的扶持力度，积极探索发展好农村交通运输的政策、措施和有效途径。在一系列政策引导下，城乡客运统筹发展得到了一定程度的促进，北京、上海、成都、嘉兴等城市率先开展城乡客运一体化的尝试，取得了较好的效果，使当地城乡居民享受到同等运输服务，提高了服务水平。与此同时，物流行业初成体系，电子商务逐步兴起。2006年，《中华人民共和国国民经济和社会发展第十一个五年计划纲要》首次将现代物流业写入五年规划中。城乡货运物流也随之开始发展,物流服务逐步向乡村延伸。

四是一体化快速发展阶段(2008年初至今)。2008年,我国开始实行"大部制"改革,成立交通运输部,将原建设部城市旅客运输行业管理职责划入了交通运输部,从而使城乡旅客运输管理体制在中央政府的管理层面上形成统一,交通运输主管部门作为城乡交通运输市场行业管理主体的地位得以确立。2011年,交通运输部为推进城乡客运一体化发展,发布了《关于加快推进城乡道路客运一体化发展的若干意见》(交运发〔2011〕490号)。2016年,为深入贯彻落实《中华人民共和国国民经济和社会发展第十三个五年规划纲要》中关于推动城乡协调发展的部署要求,加快推进城乡交通运输一体化,提升公共服务水平,交通运输部等11个部门联合印发了《关于稳步推进城乡交通运输一体化提升公共服务水平的指导意见》(交运发〔2016〕184号)。自此,全国范围内的城乡交通运输一体化发展推进工作全面推开,各地不断探索实践,全国城乡交通基础设施建设加速完善,城乡客货运输服务蓬勃发展,城乡交通运输一体化发展环境逐步优化。

1.2 新时代对城乡交通运输发展提出新要求

2020年7月30日,中共中央政治局会议明确指出,我国已进入高质量发展阶段,发展具有多方面优势和条件,同时发展不平衡不充分问题仍然突出。2021年7月1日,习近平总书记在庆祝中国共产党成立100周年大会上的讲话中讲到:"在这里,我代表党和人民庄严宣告,经过全党全国各族人民持续奋斗,我们实现了第一个百年奋斗目标,在中华大地上全面建成了小康社会,历史性地解决了绝对贫困问题,正在意气风发向着全面建成社会主义现代化强国的第二个百年奋斗目标迈进。"❶深入学习领会中共中央政治局会议精神和习近平总书记指示精神，深刻把握新时代城乡交通运输一体化发展面临的新形势新要求。

一是城乡融合发展对城乡交通运输发展的要求。目前，我国最大的不平衡是城乡发展不平衡，最大的不充分是农村发展不充分，但发展潜力和后劲也同样在农村。城乡融合发展是破解区域发展不平衡的根本出路，也是激发经济增长潜力的重要推力。只有加快和推动城乡融合，着力破除影响农业、农村发展的体制机制障碍和束缚，充分发挥市场在资源配置中的作用，让工业和城市的资源和要素下沉到农村，更好地服务于乡村振兴，才能带动农业、农村发展。推进城乡交通运输一体化发展，促进城乡交通运输发展的政策体系趋同，建立健全工作机制和体系，支撑城乡要素自由流动，打通物资、技术、资本、人才向农村流动的瓶颈制约，补齐农村交通运输在基础设施、公共服务等方面的短板，推动城乡融合发展，促进乡村资源要素与城市大市场对接，实现城乡共同繁荣与发展。

二是人民对美好生活的向往对城乡交通运输发展的要求。我国已进入高质量发展阶段，人民对美好生活的要求不断提高，社会主要矛盾已经转化为人民日益增长的美好生活需要和不平衡不充分的发展之间的矛盾。城乡交通运输是交通运输服务农民群众最直接、最广泛的体现形式，城乡交通运输一体化不仅是全面建成小康社会的重要保障，也是全面建设社会主义现代化国家的重要内容。随着农民群众生活水平提高，对交通运输的需求正在从"有没有"转向"好不好"，在完成通路、通车、通邮基础上，要围绕满足不同地区城乡群众的差异化需求，进一步提升农村交通运输公共服务水平，推动城乡交通运输高质量发展，为城乡群众提供更加安全便捷的出行服务和价廉高效的物流服务。

三是加快构建新发展格局对城乡交通运输发展的要求。加快构建以国内大

---

❶ 引用自《人民日报》（2021年7月2日02版）。

循环为主体、国内国际双循环相互促进的新发展格局，这是以习近平同志为核心的党中央深刻把握我国社会主要矛盾发展变化带来的新特征新要求，着眼中国经济中长期发展作出的重大战略部署。长期以来，我国城乡之间、区域之间发展不平衡不协调问题较为突出。在新发展格局、新型城镇化等影响和驱动下，未来我国城乡将加速融合，空间结构、城镇格局、人口分布、产业体系等将产生变革，城乡交通运输作为覆盖范围最广、服务人口最多、提供服务最普遍、公益性最强的交通服务形式，是整个综合运输体系的基础和"毛细血管"，对于促进区域城乡空间结构调整、畅通经济循环具有十分重要的意义。面对加快构建新发展格局的要求，城乡交通运输要进一步提升服务品质、提高服务效率、拓展服务功能，构建城乡联通的运输服务网络，形成多元融合的发展格局，保障人员和要素在城乡双向流通，促进形成工农互促、城乡互补、全面融合、共同繁荣的新局面，激发更强的内循环动力和活力。

四是实施乡村振兴战略对城乡交通运输发展的要求。实施乡村振兴战略是以习近平同志为核心的党中央着眼党和国家事业全局，深刻把握现代化建设规律和城乡关系变化特征，顺应亿万农民对美好生活的向往作出的重大决策部署，是新时代做好"三农"工作的总抓手。2020年3月，习近平总书记在决战决胜脱贫攻坚座谈会上强调，脱贫摘帽不是终点，而是新生活、新奋斗的起点[1]。要针对主要矛盾的变化，理清工作思路，推动减贫战略和工作体系平稳转型，统筹纳入乡村振兴战略，建立长短结合、标本兼治的体制机制。城乡交通运输是乡村振兴的基础和载体，是城乡居民安全便捷出行的重要保障，是促进产业发展和经济增长的重要基础。实施乡村振兴战略，需要城乡交通运输充分发挥在引领城镇发展、优化农村布局、支撑农业农村现代化建设等方面的作用。城乡交通运输发展必须要立足做好全面脱贫与乡村振兴的有效衔接，围绕实现"产

---

[1] 引用自《人民日报》（2020年03月07日02版）。

业兴旺、生态宜居、乡风文明、治理有效、生活富裕"的乡村振兴总目标，加快延伸城乡交通运输的服务深度和广度，促进交通运输发展与城乡资源开发、产业发展有机融合，发展交通运输新业态、新模式，为乡村振兴战略的实施提供坚强的交通运输支撑。

五是加快建设交通强国对城乡交通运输发展的要求。加快建设交通强国是以习近平同志为核心的党中央立足国情、着眼全局、面向未来作出的重大战略决策，是新时代做好交通工作的总抓手。这也是新时代全体交通人为之奋斗的新使命。虽然我国已经是交通运输大国，但是大而不强的问题依然突出，特别是农村地区交通运输发展仍然存在短板，农村客货运输服务网络不完善、服务水平不高等依然是农民群众致富的"绊脚石"，更是加快建设交通强国的"短板"和薄弱点。《交通强国建设纲要》专门强调要"推进城乡客运服务一体化，提升公共服务均等化水平，保障城乡居民行有所乘"。城乡交通运输发展必须要加大力度，加快补齐农村运输发展"短板"，科学编制城乡交通运输发展规划，加快形成城乡交通运输长效发展格局，构建运输服务优质的城乡交通运输体系，不断巩固脱贫攻坚成果、保障成色，夯实乡村振兴基础，迈出高质量发展的步伐。

第 2 章　城乡交通运输发展政策

2.1 城乡交通运输顶层政策持续深化

2011 年，为深入贯彻落实党中央、国务院关于统筹城乡协调发展、加快社会主义新农村建设和推进城乡基本公共服务均等化的有关精神和战略部署，交通运输部印发了《关于积极推进城乡道路客运一体化发展的意见》（交运发〔2011〕490 号），确定了城乡道路客运一体化的发展目标，明确了完善法规标准体系、健全服务保障网络、落实公交优先发展战略、提升农村客运普遍服务能力、推进道路客运经营结构调整、加强城乡道路客运安全管理、建立科学合理票制票价体系 7 个方面的发展任务，并从加强组织领导、完善体制机制、增加资金投入、实施考核评价 4 个方面提出了保障措施，确保各项任务落实到位。

2015 年，为深入贯彻《中共中央国务院关于加大改革创新力度加快农业现代化建设的若干意见》（中发〔2015〕1 号）中有关创新农产品流通方式的总体要求，加快落实《物流业发展中长期规划（2014—2020 年）》，全面提升我国农村物流发展水平，支撑农业现代化发展，交通运输部等 4 个部门联合印发了《关于协同推进农村物流健康发展加快服务农业现代化的若干意见》（交运发〔2015〕25 号），明确了推进农村物流健康发展的重要意义和总体要求，从加快完善农村物流基础设施、推广先进的农村物流运作模式、推广应用先进适用的农村物流装备、提升农村物流信息化水平、培育农村物流经营主体、强化政策措施保障 6 个方面提出了农村物流发展的主要任务。

为贯彻落实《中华人民共和国国民经济和社会发展第十三个五年规划纲要》中关于推动城乡协调发展的部署要求，2016年10月，交通运输部等11个部门联合印发了《关于稳步推进城乡交通运输一体化提升公共服务水平的指导意见》（交运发〔2016〕184号，以下简称《指导意见》）。《指导意见》是推进城乡交通运输一体化发展的纲领性文件，从总体要求、加快推进城乡交通运输基础设施一体化建设、加快推进城乡客运服务一体化建设、加快推进城乡货运物流服务一体化建设、努力营造城乡交通运输一体化发展环境5个方面，提出了21条行动指南，为推进城乡交通运输一体化、提升公共服务水平指明了方向。

2.2 城乡交通运输评估体系不断完善

开展城乡交通运输发展水平评估是科学评价城乡交通运输一体化发展成效的重要手段。2014年，交通运输部印发了《关于开展城乡道路客运一体化发展水平评价有关工作的通知》（交运发〔2014〕259号），并以附件形式明确了《城乡道路客运一体化发展水平评价指标体系》和《城乡道路客运一体化发展水平评价规范》，提出建制村公路通畅率等8项指标，部署开展了城乡道路客运一体化发展水平评价工作。

为进一步推动落实《指导意见》要求，指导各地因地制宜推进城乡交通运输一体化发展，2019年，交通运输部印发了《关于开展城乡交通运输一体化发展水平自评估工作的通知》（交办运函〔2019〕752号），从基础设施一体化、客运服务一体化、货运物流服务一体化、城乡交通运输一体化发展环境及加分项5个方面制定了发展水平评估指标体系和计算方法，指导各地每年度开展一次城乡交通运输一体化发展水平自评估工作。

2.3 城乡交通运输示范工程有序开展

为推动行业创新发展思路，积累城乡交通运输一体化建设经验，解决制约城乡交通运输一体化发展的突出问题，2016年，交通运输部印发了《关于开展城乡交通运输一体化建设工程有关事项的通知》（交办运〔2016〕140号），启动了第一批城乡交通运输一体化示范县创建工程，选取拟在"四好农村路"建设、运输服务、运输装备、政策保障、投融资渠道等方面创造和积累经验的52个县级行政区开展创建工作。

2020年，为认真总结各地创建工作成效，交通运输部印发了《关于开展第一批城乡交通运输一体化示范县创建工程验收工作的通知》（交运函〔2020〕503号），制定了验收工作方案和验收标准，组织开展了第一批城乡交通运输一体化示范县创建工程验收工作，经县级申请、省级审核、专家评审等程序，最终授予北京市怀柔区等41个县（区、市）"城乡交通运输一体化示范县"称号。

通过示范创建，各县（区、市）城乡基础设施一体化、城乡客运服务一体化、城乡货运服务一体化建设加快推进，城乡交通运输一体化发展环境明显改善。客货并举、运游融合、运邮融合、城乡一体的发展格局初步形成，为人民群众安全便捷出行、农用物资和生活必需品畅通高效运输、农民群众脱贫致富发挥了基础支撑作用，人民群众的获得感显著增强。自创建工作开展以来，涌现出舒城全域公交、平定"互联网+供销社"、竹山交通运输脱贫攻坚、湄潭村民自治管理、安吉"美丽公路"、穆棱交邮融合等典型发展模式，为其他地区提供了可供学习借鉴的好经验和好做法。

第3章 城乡交通运输发展成效

3.1 城乡交通基础设施建设加快发展

3.1.1 城乡路网体系发展成效显著

农村公路建设全面加快。各地把推进"四好农村路"建设作为全面建成小康社会的重要抓手，全力加快农村公路转型发展。党的十八大以来，全国累计完成新改建农村公路243.8万公里，集中整治"畅返不畅"农村公路24万公里，解决了1040个乡镇、10.5万个建制村通硬化路难题，实现了具备条件的乡镇和建制村全部通硬化路。截至2020年底，全国农村公路总里程已达438万公里，等级公路比例达94.8%，铺装率达88%。以县城为中心、乡镇为节点、村组为网点的农村公路交通网络初步形成。

城市路网结构明显改善。各地坚持将城市道路作为城市发展的先导工程，打通断头路、畅通微循环，构建功能完善、结构合理的城市道路网体系，道路建设逐步向外围新城拓展延伸，城市交通进一步畅通，城乡路网衔接性逐步提升。

3.1.2 城乡运输场站体系日益完善

城乡客运场站日渐完善。截至2020年底，农村客运站总数超过33万个，其中三级及以上客运站达到1320个；建成快递营业网点22.4万处、末端公共服务站11.4万个。城乡客货运站点建设用地保障力度逐步增强，与农村公路基本实现同步规划、同步设计、同步建设和同步交付使用。既有客运场站功能不断完善，交通服务、邮政服务、社区服务、医疗服务、物流信息交换等公共性服务窗口逐步进驻，为农村百姓提供了综合性多样化服务。

城乡客运场站衔接性逐步提升。部分地区公交停靠站向客运班线车辆开放共享，方便乘客下车换乘。多数县级城乡物流节点逐步实现干线运输与县域内分拨配送的有效衔接；探索实践统筹发展模式，统筹组织县域内农村运输服务的物流节点，集聚整合物流资源。

3.2 城乡客运服务水平显著提升

3.2.1 网络覆盖不断深入

网络体系逐步完善。城市公交线路不断优化调整，百万以上人口城市公交站点500米覆盖率约100%，并逐步向道路通行条件良好的农村地区延伸。城乡道路客运已基本实现与重点铁路客运、机场、码头的一体化换乘和衔接。具备通客车条件的乡镇和建制村全部通客车。

通达模式更加科学。各地不断完善优化服务网络，因地制宜采用通车形式，全国农村客运中，通城乡公交、班线客运、区域经营、预约响应、客船（岛屿通船视作通客车）的比例分别为38.2%、52.2%、4.0%、5.6%、0.06%。为满足城乡群众出行需求，各地深入探索创新运营模式，定制公交、商务快巴、旅游专线、社区巴士等特色公共交通服务产品不断丰富，覆盖范围不断扩大，公众出行更加便捷。

发展效果充分显现。城乡客运网络的逐步织密，拉近了城乡距离，为农民进城购物、就业、上学、就医、销售农副产品等带来了便利，促进农产品变商品、传统农民变新型职业农民，不仅拉动了农村特色产业的发展，还显著改善了城市用工短缺，构建了城乡经济良性互动发展的新模式。农村客运旅游线路的开通，串联起农村地区的旅游景点，带动了一批具有地方特色的乡村旅游精品项目的发展，推动了"交通＋文化＋旅游"扶贫模式发展，增强了农村地区的"造血"功能。

3.2.2 服务水平不断提高

服务标准更加规范。全国有29个省份制定了农村客运服务标准，各地乡镇和建制村农村客运服务质量基本达到相关服务标准的要求。

服务模式不断创新。北京、天津、上海、江苏、浙江、山东等省（自治区、直辖市）大部分地区实现了全域公交，长三角地区开通60余条省际毗邻地区公交化运营客运班线，更好地满足了城乡群众便捷出行需要。海南、宁夏、贵州等省（自治区、直辖市）针对偏远建制村开通预约叫车服务，方便群众临时、紧急用车。

服务监督广泛有效。12328服务监督电话等农村客运咨询投诉渠道较为顺畅，25个省（自治区、直辖市）对12328服务监督电话反映的农村客运服务质量问题开展专项分析；23个省（自治区、直辖市）探索推动建立农村客运服务质量与激励相挂钩的机制，吉林、福建、江西、四川、贵州5省（自治区、直辖市）建立了省级农村客运监管平台，实现了农村客运常态化动态监管。

3.2.3 经营模式不断优化

推进市场集约化经营。广东、浙江、山东等多个地区采用政府引导、企业主导的发展模式，扶持具有良好社会信誉的品牌龙头企业规范经营，以资产为纽带实施区域城乡运输运营主体的兼并、重组，集约市场主体，整合市场资源，改变传统市场"小、散、弱"的局面，打造集约化、规模化、长短结合、城乡一体的运输网络服务体系。

推进跨业融合发展。各地积极推进城乡交通运输"路、站、运、邮"协调发展，积极推动客运企业跨业融合，大力发展"运邮合作"模式。以"城乡交通＋"

为基础持续推动城乡交通＋特色产业、城乡交通＋生态旅游、城乡交通＋电子商务的融合体系，实现生产、流通加工、销售的整合体系，跨业融合达到新高度。

3.2.4 安全保障不断强化

农村公路运行安全条件全面改善。农村公路安全生命防护工程建设稳步推进，四、五类危桥逐步减少，农村公路交通安全条件明显改善。城乡交通运输安全生产事故呈现稳中有落的态势，农村公路交通安全状况正在得到改善。

安全保障机制不断健全。各地进一步完善落实与农村公路等级、通行车型、载客限载、运行限速、通行时间等指标协同的农村客运线路审批规则和联合审核机制，新增农村客运班线实行通行条件审核的比例逐年提升。城乡客运车型标准、安全监管等方面的制度进一步完善，城乡客运车辆、场站、企业资格、线路审批等源头管理不断加强。

安全生产主体责任逐步落实。各地通过联合执法等手段，严厉打击超速、超载和疲劳驾驶等违法行为。督促企业严格落实投保交通事故强制责任险和客运承运人责任险等要求，提高城乡客运企业的抗风险能力和安全事故应急处置能力。多数城乡客运经营者建立健全各项制度，加强从业人员培训教育，强化驾乘人员安全意识，督促车辆进站运营，开展动态监控工作，完善管理措施，严把城乡客运经营服务准入关、驾驶员从业资格关和车辆技术状况关。

安全宣传引导工作力度加大。各地采取多种方式加大宣传引导工作力度，引导城乡群众自觉抵制乘坐无证营运"黑车"，主动乘坐合法城乡客运车辆。

3.3 城乡物流服务体系逐步建立

3.3.1 城乡物流节点体系初步形成

各地充分利用城乡客运场站、邮政网点，以及农业、商务、供销等既有节点资源，通过共建共享等方式，初步建成了由县级物流中心、乡镇综合服务站、村级物流服务点组成的三级城乡物流网络节点，有效促进了城乡物流双向渠道的畅通快捷。同时，各地结合当地农村产业特点及电商快递的发展现状，推动了专业化和综合性物流园区的建设，尤其是具备电商配送、专业配送、冷链配送等功能的物流园，针对农业产业发展需求，建立城乡物流一体化配送，大大提高商品流通效率，推动经济发展。

3.3.2 城乡物流服务模式不断创新

随着各地城乡物流的快速发展，各地逐步依托现有交通货运、邮政、供销等网络，整合资源，实现多种方式整合零散运输资源，通过跨部门合作，逐步形成了交通运输、供销、邮政、商贸等多元化、多层次的物流运作主体共同参与的发展格局。2020年，全国打造了首批25个具有示范意义的农村物流服务品牌项目，助推传统城乡物流发展模式逐步拓展为"客运＋货运两网合一""交通运输＋邮政快递融合""网络平台货运＋农村物流""特色产业＋农村物流""电子商务＋农村物流"等模式，"城货下乡、山货进城、电商进村、快递入户"的双向物流通道进一步打通。

3.4 城乡交通运输环境日趋完善

3.4.1 组织保障不断强化

加强绩效考核，将行业行为上升为政府行为。将推进城乡交通运输发展作为重点民生工程来抓，切实压实属地政府责任。天津、内蒙古、山东、湖北、广西、贵州、青海等省（自治区、直辖市）将通客车工作纳入市县领导班子绩效考评体系。山西、云南将建制村通客车工作纳入贫困退出指标体系。江苏将行政村客运班线通达率实现100%纳入全面建成小康社会指标体系，将2020年基本实现镇村公交开通率100%列入公共服务清单，制定出台《江苏省农村公路条例》，明确县（市、区）人民政府应当保障行政村开通镇村公交，为村民提供普遍服务。海南将乡镇和建制村通客车工作纳入省政府工作报告、脱贫攻坚考核、省政府对市县政府的绩效考核体系、省纪委监委驻省交通运输厅派驻组督查督办工作内容，通过督导、约谈等方式督促落后市县加快通客车进度。

加强政府主导，突出城乡交通运输公益属性。四川、重庆等地将推进城乡区域交通一体化发展作为民生工程，纳入基本公共服务体系，实行政府主导、市场运作，进一步明确各级政府主管部门在城乡交通运输管理体系中的职责，进一步简政放权，扩大城乡运输企业经营自主权，激发市场活力。

3.4.2 扶持保障不断加强

农村客运扶持政策逐步完善。各地积极推动建立政府购买城乡交通运输公共服务制度。充分利用现有交通基础设施建设、农村客运成品油价格补助等资金，提高资金使用效率，发挥引导和杠杆作用，带动社会资本投入。同时，加大地方财政对城乡客运发展支持力度，各地根据实际情况，创新探索出省级统一补贴、市县配套补助、分级分类补助等补贴扶持政策。统筹利用交通运输固定资产投资资金，加大对贫困地区农村物流节点建设支持力度，给予政策倾斜，对乡镇运输服务站给予60万元/个的资金支持。"十三五"期间累计支持改造建设150个县级客运站和1100个乡镇运输服务站。

评估篇

第4章 城乡交通运输一体化总体发展水平

4.1 城乡交通运输一体化评估得分情况

依据《交通运输部办公厅关于开展城乡交通运输一体化发展水平自评估工作的通知》（交办运函〔2019〕752号）提出的《城乡交通运输一体化发展指标体系》和《城乡交通运输一体化发展指标计算方法》进行评估分析，截至2020年底，全国城乡交通运输一体化发展水平平均得分为88.3分，较2019年提高1.32分，平均水平为4A级。

本报告统计的31个省（自治区、直辖市）和新疆生产建设兵团（以下简称"兵团"）中，2020年有20个省（自治区、直辖市）的评估分数高于全国水平，其中，分数最高的3个省（自治区、直辖市）是上海101.49分、北京98.43分、湖北93.98分；最低的3个省（自治区、直辖市）是西藏65.89分、内蒙古72.16分、青海78.70分。5A级水平的省（自治区、直辖市）15个，4A级水平的省（自治区、直辖市）14个，3A级水平的省（自治区、直辖市）2个，2A级水平的省（自治区、直辖市）1个。其中，5A级水平的省（自治区、直辖市）较2019年增加5个。全国城乡交通运输一体化发展水平评分和等级情况如表4-1和图4-1所示。

2019年和2020年全国城乡交通运输一体化发展水平评分和等级情况　表4-1

序号	省（自治区、直辖市）及兵团	2019年得分（分）	2020年得分（分）	2020年等级
1	北京	98.39	98.43	5A
2	天津	91.86	92.12	5A
3	河北	86.40	88.87	4A

续上表

序号	省(自治区、直辖市)及兵团	2019年得分(分)	2020年得分(分)	2020年等级
4	山西	88.20	88.98	4A
5	内蒙古	70.07	72.16	3A
6	辽宁	88.10	89.16	4A
7	吉林	88.10	91.31	5A
8	黑龙江	83.77	83.55	4A
9	上海	100.91	101.49	5A
10	江苏	87.36	90.61	5A
11	浙江	92.40	93.97	5A
12	安徽	93.20	86.42	4A
13	福建	91.24	90.89	5A
14	江西	90.64	91.70	5A
15	山东	83.96	90.58	5A
16	河南	89.03	87.58	4A
17	湖北	94.25	93.98	5A
18	湖南	89.45	91.40	5A
19	广东	87.52	88.83	4A
20	广西	80.20	86.35	4A
21	海南	87.40	90.13	5A
22	重庆	90.21	90.75	5A
23	四川	87.00	90.02	5A
24	贵州	83.98	86.72	4A
25	云南	88.21	87.36	4A
26	西藏	67.80	65.89	2A
27	陕西	85.76	86.75	4A
28	甘肃	94.78	93.40	5A

续上表

序号	省(自治区、直辖市)及兵团	2019年得分(分)	2020年得分(分)	2020年等级
29	青海	73.12	78.70	3A
30	宁夏	86.75	88.32	4A
31	新疆	84.00	84.59	4A
32	兵团	79.40	84.62	4A
	全国平均分	86.98	88.30	4A

注：得分数据来源于各省（自治区、直辖市）和兵团2020年、2021年城乡交通运输一体化发展水平自评估报告。

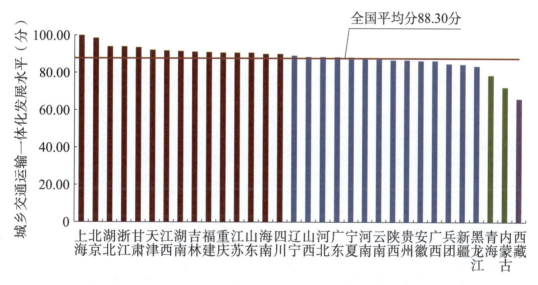

图4-1 2020年全国城乡交通运输一体化发展水平评分情况

4.2 县级评估对象发展水平等级情况

2020年，全国2433个城乡交通运输一体化发展水平自评估县级评估对象中，发展水平为5A级的1154个，4A级的891个，3A级的308个、2A级的79个、A级的1个，占比分别为47.43%、36.62%、12.66%、3.25%、0.04%。2019年和2020年全国县级评估对象发展水平等级占比情况如图4-2所示。

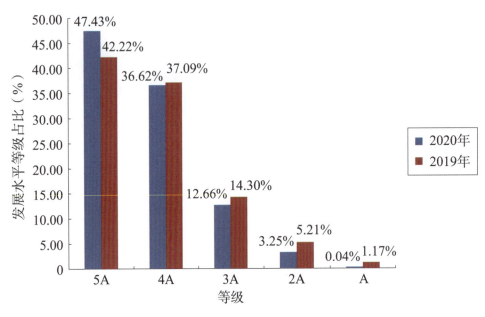

图 4-2　2019 年和 2020 年全国县级评估对象发展水平等级占比情况

本报告统计的 31 个省（自治区、直辖市）和兵团中，北京、天津、上海、江苏、浙江、福建、海南 7 个省（自治区、直辖市）的全部县级评估对象发展水平达到 4A，江西、甘肃、湖南、湖北、四川、辽宁、重庆、吉林、广东、山东、陕西 11 个省（自治区、直辖市）的县级评估对象发展水平达到 4A 的比例高于 90%。2020 年全国县级评估对象发展水平等级达 4A 级以上的占比情况见表 4-2。

2020 年全国县级评估对象发展水平等级达 4A 级以上的占比情况　表 4-2

序号	省（自治区、直辖市）及兵团	4A 级以上占比（%）	同比增长率（%）
1	北京	100.00	0.00
2	天津	100.00	0.00
3	上海	100.00	0.00
4	江苏	100.00	5.00
5	浙江	100.00	0.00
6	福建	100.00	0.00
7	海南	100.00	10.53
8	江西	98.94	2.35
9	甘肃	97.62	0.03

续上表

序号	省（自治区、直辖市）及兵团	4A级以上占比（%）	同比增长率（%）
10	湖南	97.35	6.52
11	湖北	96.74	−1.09
12	四川	95.89	29.00
13	辽宁	95.45	7.39
14	重庆	95.12	4.88
15	吉林	94.44	4.24
16	广东	94.39	7.47
17	山东	93.75	19.79
18	陕西	92.13	12.32
19	宁夏	89.47	5.20
20	河南	87.70	−12.30
21	河北	87.10	7.83
22	贵州	85.87	8.60
23	山西	85.19	−1.17
24	云南	84.78	−1.17
25	安徽	82.14	−14.41
26	广西	79.31	27.04
27	新疆	77.91	0.00
28	兵团	73.91	5.73
29	黑龙江	65.85	−6.10
30	青海	41.46	7.31
31	西藏	13.70	4.24
32	内蒙古	9.71	−5.98

注：数据来源于各省（自治区、直辖市）和兵团2021年城乡交通运输一体化发展水平自评估报告。

第5章 城乡基础设施一体化发展水平

5.1 农村公路发展水平

5.1.1 农村公路等级率

截至2020年底，全国农村公路里程为438.23万公里，四级及以上等级农村公路里程415.40万公里，分别比2019年新增15.84万公里、22.41万公里；全国四级及以上等级农村公路里程占农村公路总里程的比例达到94.79%，比2019年提高1.75个百分点。2020年，共有18个省（自治区、直辖市）的农村公路等级率高于全国平均水平。农村公路等级率达到100%的省（自治区、直辖市）共有5个，与2019年相比，北京、天津、上海3个直辖市农村公路等级率继续保持100%的水平，并新增浙江、江苏2省。2020年全国农村公路等级率情况如图5-1所示，四级及以上等级农村公路情况见表5-1。

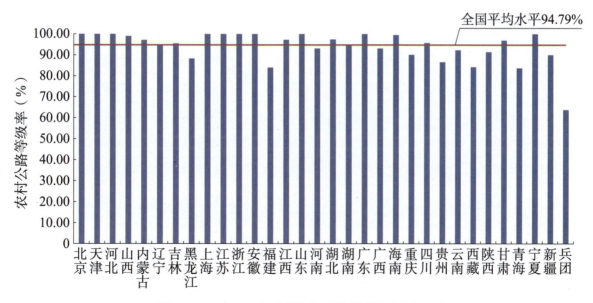

图5-1 2020年全国农村公路等级率情况

2020 年全国四级及以上等级农村公路情况　　　　表 5-1

序号	省（自治区、直辖市）及兵团	农村公路里程（公里） 2020 年	比 2019 年新增	等级公路里程（公里） 2020 年	比 2019 年新增	农村公路等级率（%）
1	北京	16862	-132	16862	-132	100.00
2	天津	11381	165	11381	165	100.00
3	河北	175517	7374	175348	11163	99.90
4	山西	125663	39	124570	565	99.13
5	内蒙古	169254	3973	164368	5758	97.11
6	辽宁	108961	6126	102645	6597	94.20
7	吉林	90543	486	86462	1002	95.49
8	黑龙江	122844	864	108462	1304	88.29
9	上海	11095	-136	11095	-136	100.00
10	江苏	140616	-2149	140616	-166	100.00
11	浙江	109355	791	109355	886	100.00
12	安徽	208470	18511	208441	18956	99.99
13	福建	93292	25	78495	1254	84.14
14	江西	185785	1381	180373	9510	97.09
15	山东	257532	5536	257307	5704	99.91
16	河南	232299	333	216223	5543	93.08
17	湖北	254511	193	247651	891	97.30
18	湖南	202035	484	190342	2469	94.21
19	广东	183159	499	182960	5640	99.89
20	广西	105088	3226	97749	4748	93.02
21	海南	35326	1950	35134	1987	99.46
22	重庆	161921	6327	146036	9454	90.19
23	四川	347375	60900	333007	62869	95.86
24	贵州	172967	1541	150031	11889	86.74
25	云南	255066	28703	235483	38711	92.32
26	西藏	72264	10543	60969	4998	84.37
27	陕西	154027	1711	140919	2408	91.49
28	甘肃	124927	4039	121027	4701	96.88

续上表

序号	省（自治区、直辖市）及兵团	农村公路里程（公里） 2020年	比2019年新增	等级公路里程（公里） 2020年	比2019年新增	农村公路等级率（%）
29	青海	61799	1459	51700	1813	83.66
30	宁夏	28490	217	28463	230	99.91
31	新疆	137529	-9478	123668	1687	89.92
32	兵团	26385	2868	16833	1640	63.80

注：数据来源于《2020年度全国公路养护统计年报》。

5.1.2 优良中等路率

截至2020年底，全国农村公路技术状况指数（MQI）实际评定里程为345.71万公里，其中优良中等路里程为302.34万公里，优良中等路率为87.45%；全国农村公路路面使用性能指数（PQI）实际评定里程为345.71万公里，其中优良中等路里程为288.38万公里，优良中等路率为83.42%。除西藏自治区外，其他省（自治区、直辖市）和兵团的优良中等路率（MQI）均高于75%。2020年全国农村公路优良中等路率（MQI）情况如图5-2所示，农村公路优良中等路（MQI）情况见表5-2。

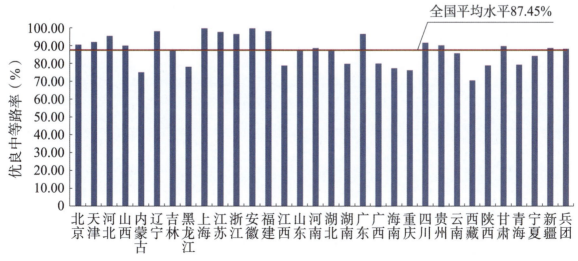

图5-2 2020年全国农村公路优良中等路率（MQI）情况

2020 年全国农村公路优良中等路（MQI）情况　　　　表 5-2

序号	省（自治区、直辖市）及兵团	实际评定里程（公里）	优良中等路里程（公里）	优良中等路率（%）
1	北京	16664	15084	90.52
2	天津	11508	10591	92.03
3	河北	28077	26832	95.57
4	山西	124371	111857	89.94
5	内蒙古	122289	91750	75.03
6	辽宁	34409	33763	98.12
7	吉林	71989	63604	88.35
8	黑龙江	96427	75503	78.30
9	上海	10879	10847	99.71
10	江苏	136700	133457	97.63
11	浙江	45256	43665	96.48
12	安徽	208439	207380	99.49
13	福建	73534	72065	98.00
14	江西	185248	146076	78.85
15	山东	250784	217456	86.71
16	河南	193359	171677	88.79
17	湖北	256770	222624	86.70
18	湖南	85576	68203	79.70
19	广东	146751	141733	96.58
20	广西	86487	69358	80.19
21	海南	35326	27318	77.33
22	重庆	124649	94951	76.17
23	四川	271628	249157	91.73
24	贵州	165224	149074	90.23
25	云南	248015	212023	85.49
26	西藏	15800	11172	70.71

续上表

序号	省（自治区、直辖市）及兵团	实际评定里程（公里）	优良中等路里程（公里）	优良中等路率（%）
27	陕西	134460	106180	78.97
28	甘肃	107283	96362	89.82
29	青海	55877	44238	79.17
30	宁夏	24942	20958	84.03
31	新疆	83795	74388	88.77
32	兵团	4616	4073	88.24

注：数据来源于《2020年度全国公路养护统计年报》。

5.1.3 农村公路列养率

截至2020年底，全国农村公路列养里程达到433.48万公里，比2019年新增18.54万公里，列养里程比例达到98.91%。2020年，共有12个省（自治区、直辖市）的农村公路列养率为100%，辽宁、四川、陕西、青海、西藏、新疆6个省（自治区、直辖市）的农村公路列养率低于全国水平。2020年全国农村公路列养率情况如图5-3所示，农村公路养护情况见表5-3。

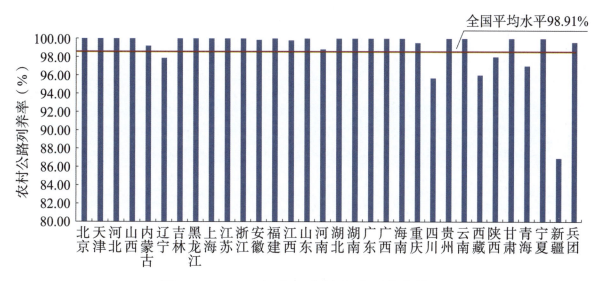

图5-3 2020年全国农村公路列养率情况

2020年全国农村公路养护情况 表 5-3

序号	省(自治区、直辖市)及兵团	农村公路总养护里程（公里）	比2019年新增养护里程（公里）	养护里程比例（%）
1	北京	16862	-132	100.00
2	天津	11381	166	100.00
3	河北	175517	7374	100.00
4	山西	125663	39	100.00
5	内蒙古	167965	6448	99.24
6	辽宁	106714	4395	97.94
7	吉林	90543	486	100.00
8	黑龙江	122844	864	100.00
9	上海	11095	-136	100.00
10	江苏	140609	16	100.00
11	浙江	109355	791	100.00
12	安徽	208240	18452	99.89
13	福建	93292	25	100.00
14	江西	185444	1040	99.82
15	山东	257532	5536	100.00
16	河南	230085	374	99.05
17	湖北	254511	193	100.00
18	湖南	202035	484	100.00
19	广东	183159	2958	100.00
20	广西	105069	3207	99.98
21	海南	35326	1950	100.00
22	重庆	161270	5675	99.60
23	四川	332501	55926	95.72
24	贵州	172967	3272	100.00
25	云南	255066	28887	100.00
26	西藏	69436	10587	96.09
27	陕西	151049	951	98.07
28	甘肃	124927	4039	100.00

续上表

序号	省(自治区、直辖市)及兵团	农村公路总养护里程（公里）	比2019年新增养护里程（公里）	养护里程比例（%）
29	青海	59967	1468	97.04
30	宁夏	28490	217	100.00
31	新疆	119560	17034	86.93
32	兵团	26285	2800	99.62

注：数据来源于《2020年度全国公路养护统计年报》。

5.2 城市建成区路网密度和道路面积率

5.2.1 城市建成区路网密度

截至2020年底，全国城市建成区平均路网密度为6.88公里/平方公里。北京、天津、内蒙古、辽宁、吉林、黑龙江、江苏、安徽、山东、河南、湖北、湖南、广东、海南、重庆、四川、西藏、甘肃、新疆19个省（自治区、直辖市）和兵团的城市建成区路网密度低于全国水平。辽宁、海南、西藏3个省（自治区、直辖市）和兵团的城市建成区路网密度低于5.2公里/平方公里。2020年全国城市建成区路网密度情况如图5-4和表5-4所示。

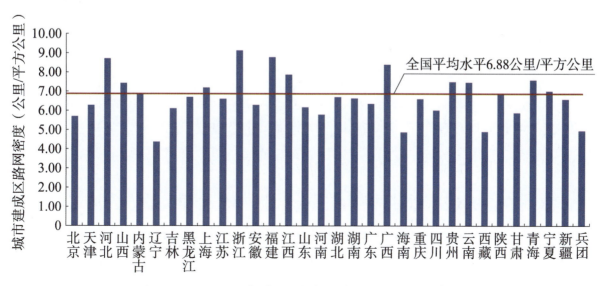

图5-4 2020年全国城市建成区路网密度情况

2020年全国城市建成区路网密度情况　　表5-4

序号	省（自治区、直辖市）及兵团	城市建成区路网密度（公里/平方公里）	序号	省（自治区、直辖市）及兵团	城市建成区路网密度（公里/平方公里）
1	北京	5.70	17	湖北	6.70
2	天津	6.30	18	湖南	6.63
3	河北	8.72	19	广东	6.35
4	山西	7.42	20	广西	8.40
5	内蒙古	6.87	21	海南	4.87
6	辽宁	4.38	22	重庆	6.60
7	吉林	6.10	23	四川	6.03
8	黑龙江	6.71	24	贵州	7.49
9	上海	7.20	25	云南	7.45
10	江苏	6.60	26	西藏	4.91
11	浙江	9.13	27	陕西	6.94
12	安徽	6.30	28	甘肃	5.88
13	福建	8.78	29	青海	7.57
14	江西	7.88	30	宁夏	6.99
15	山东	6.17	31	新疆	6.57
16	河南	5.79	32	兵团	4.97

注：数据来源于《2020年城乡建设统计年鉴》。

2021年度全国36个主要城市平均道路网密度为6.2公里/平方公里。城市道路网密度处于较高水平的（≥8.0公里/平方公里）是深圳、厦门和成都3个城市，占比为8%；处于中等水平（5.5~8.0公里/平方公里之间）的城市共23个，占比为64%；处于较低水平的城市（<5.5公里/平方公里）共10个，占比为28%。2020年全国36个主要城市道路网密度情况如表5-5所示。

2020年全国36个主要城市道路网密度情况　　　表5-5

序号	城市	城市道路网密度（公里/平方公里）	序号	城市	城市道路网密度（公里/平方公里）
1	深圳	9.6	19	大连	6.1
2	厦门	8.5	20	太原	5.9
3	成都	8.4	21	西安	5.8
4	福州	7.4	22	海口	5.8
5	南宁	7.4	23	北京	5.7
6	上海	7.2	24	南京	5.6
7	杭州	7.2	25	长春	5.5
8	广州	7.1	26	西宁	5.5
9	合肥	7.0	27	青岛	5.4
10	重庆	6.6	28	石家庄	5.4
11	昆明	6.8	29	哈尔滨	5.1
12	宁波	6.8	30	沈阳	4.9
13	郑州	6.7	31	济南	4.9
14	长沙	6.7	32	银川	4.9
15	南昌	6.5	33	呼和浩特	4.6
16	贵阳	6.3	34	兰州	4.3
17	天津	6.3	35	拉萨	4.0
18	武汉	6.2	36	乌鲁木齐	3.5

注：数据来源于《2021年中国主要城市道路网密度与运行状态监测报告》。

根据33个主要城市群地级市数据分析可知，京津冀城市群中的8个主要城市，中心城区建成区总体平均道路密度为4.5公里/平方公里；长三角城市群中的17个主要城市，中心城区建成区总体平均道路密度为6.1公里/平方公里；粤港澳大湾区城市群中的8个主要城市，中心城区建成区总体平均道路密度为7.3公里/平方公里。2020年全国各主要城市群地级城市道路网密度情况如图5-5所示。

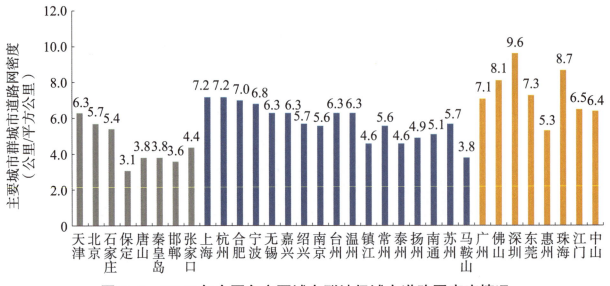

图 5-5　2020 年全国各主要城市群地级城市道路网密度情况

5.2.2　城市建成区道路面积率

截至 2020 年底,全国城市建成区道路面积率平均为 12.14%。除辽宁、黑龙江、西藏 3 个省(自治区、直辖市)和兵团的城市建成区道路面积率低于 8% 外,其余 28 省(自治区、直辖市)的城市建成区道路面积率均高于 8%。北京、辽宁、吉林、黑龙江、上海、湖南、广东、海南、重庆、四川、西藏、陕西、甘肃、新疆 14 个省(自治区、直辖市)和兵团的城市建成区道路面积率低于全国平均水平。2020 年全国城市建成区道路面积率情况如图 5-6 和表 5-6 所示。

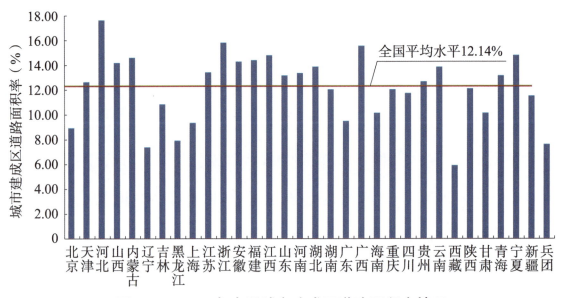

图 5-6　2020 年全国城市建成区道路面积率情况

2020年全国城市建成区道路面积率情况   表 5-6

序号	省（自治区、直辖市）及兵团	城市建成区道路面积率（%）	序号	省（自治区、直辖市）及兵团	城市建成区道路面积率（%）
1	北京	8.90	17	湖北	13.83
2	天津	12.60	18	湖南	12.03
3	河北	17.58	19	广东	9.49
4	山西	14.13	20	广西	15.51
5	内蒙古	14.55	21	海南	10.13
6	辽宁	7.36	22	重庆	11.95
7	吉林	10.77	23	四川	11.68
8	黑龙江	7.87	24	贵州	12.68
9	上海	9.33	25	云南	13.82
10	江苏	13.40	26	西藏	5.86
11	浙江	15.81	27	陕西	12.06
12	安徽	14.27	28	甘肃	10.09
13	福建	14.36	29	青海	13.10
14	江西	14.81	30	宁夏	14.77
15	山东	13.24	31	新疆	11.49
16	河南	13.33	32	兵团	7.60

注：除北京市数据外，其余数据来源于《2020年城乡建设统计年鉴》，北京市数据来源于北京市2021年城乡交通运输一体化发展水平自评估报告。

5.3 客货运输场站一体化水平

5.3.1 客运场站一体化水平

截至2020年底，全国市（县）城区内三级以上汽车客运站与城市公交站点实现300米内换乘便捷的比例平均值为89.43%。北京、河北、山西、吉林、上海、江苏、浙江、安徽、福建、江西、山东、河南、湖北、湖南、广西、海南、重庆、四川、贵州、陕西、甘肃21个省（自治区、直辖市）的客运场站一体化水平均高于全国水平。其中，北京、上海、江苏、海南4个省（自治区、直辖市）的客运场站一体化水平为100%。2020年全国客运场站一体化水平情况如图5-7和表5-7所示。

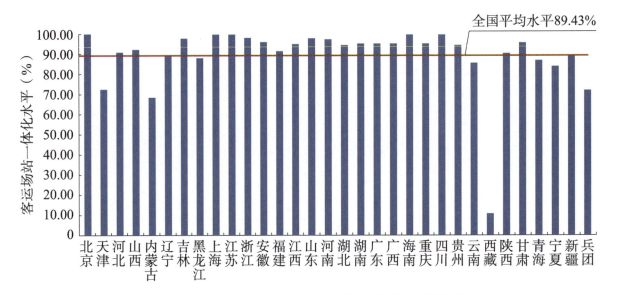

图5-7 2020年全国客运场站一体化水平情况

2020年全国客运场站一体化水平情况　　　　　　　　　　表5-7

序号	省（自治区、直辖市）及兵团	客运场站一体化水平（%）	序号	省（自治区、直辖市）及兵团	客运场站一体化水平（%）
1	北京	100.00	13	福建	91.50
2	天津	72.50	14	江西	95.00
3	河北	91.00	15	山东	98.00
4	山西	92.50	16	河南	97.50
5	内蒙古	68.50	17	湖北	94.50
6	辽宁	89.00	18	湖南	95.50
7	吉林	98.00	19	广东	95.50
8	黑龙江	88.00	20	广西	95.50
9	上海	100.00	21	海南	100.00
10	江苏	100.00	22	重庆	95.50
11	浙江	98.50	23	四川	100.00
12	安徽	96.34	24	贵州	94.50

续上表

序号	省（自治区、直辖市）及兵团	客运场站一体化水平（%）	序号	省（自治区、直辖市）及兵团	客运场站一体化水平（%）
25	云南	85.50	29	青海	87.00
26	西藏	10.50	30	宁夏	84.00
27	陕西	90.50	31	新疆	89.00
28	甘肃	96.00	32	兵团	72.00

注：数据来源于各省（自治区、直辖市）和兵团2021年城乡交通运输一体化发展水平自评估报告。

5.3.2 货运场站一体化水平

截至2020年底，全国实现干线运输与县域内分拨配送的有效衔接，集聚整合物流资源，统筹组织县域内农村运输服务的物流节点比例平均值为83.91%。北京、天津、辽宁、吉林、上海、江苏、浙江、福建、江西、山东、湖北、湖南、广东、海南、重庆、四川、云南、甘肃18个省（自治区、直辖市）的货运场站一体化水平高于全国平均水平。其中，北京、上海、四川3个省（自治区、直辖市）的货运场站一体化水平为100%。2020年全国货运场站一体化水平情况如图5-8和表5-8所示。

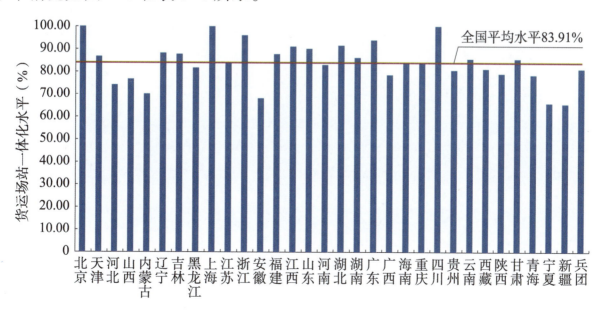

图5-8 2020年全国货运场站一体化水平情况

2020年全国货运场站一体化水平情况　　　　表 5-8

序号	省（自治区、直辖市）及兵团	货运场站一体化水平（%）	序号	省（自治区、直辖市）及兵团	货运场站一体化水平（%）
1	北京	100.00	17	湖北	91.50
2	天津	86.50	18	湖南	86.00
3	河北	74.00	19	广东	94.00
4	山西	76.50	20	广西	78.50
5	内蒙古	70.00	21	海南	84.00
6	辽宁	88.00	22	重庆	84.50
7	吉林	87.50	23	四川	100.00
8	黑龙江	81.50	24	贵州	80.50
9	上海	100.00	25	云南	85.50
10	江苏	84.50	26	西藏	81.00
11	浙江	96.00	27	陕西	79.00
12	安徽	67.99	28	甘肃	85.50
13	福建	87.50	29	青海	78.50
14	江西	91.00	30	宁夏	66.00
15	山东	90.00	31	新疆	65.50
16	河南	83.00	32	兵团	81.00

注：数据来源于各省（自治区、直辖市）和兵团2021年城乡交通运输一体化发展水平自评估报告。

第6章 城乡客运服务一体化发展水平

6.1 城乡客运覆盖率

6.1.1 建制村通客车率

截至2020年底，全国546867个建制村中，543481个建制村已实现通客车，建制村通客车率为99.38%。29个省（自治区、直辖市）的建制村通客车率高于全国水平，其中，北京、天津、河北、辽宁、吉林、黑龙江、上海、浙江、福建、河南、湖北、广东、广西、海南、重庆、贵州、陕西、甘肃、宁夏19个省（自治区、直辖市）实现所有建制村通客车，相比2019年新增了4个，具备条件的建制村通客车率达到100%。2020年全国建制村通客车情况如图6-1和表6-1所示。

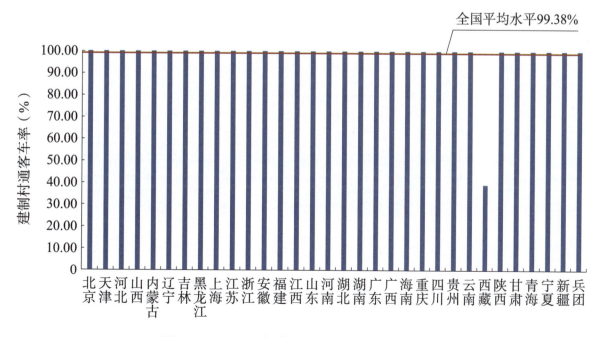

图6-1 2020年全国建制村通客车率情况

2020 年全国建制村通客车情况　　　　表 6-1

序号	省（自治区、直辖市）及兵团	建制村总数（个）	通客车建制村数量（个）	建制村通客车率（%）
1	北京	3916	3916	100.00
2	天津	3538	3538	100.00
3	河北	49012	49012	100.00
4	山西	26421	26413	99.97
5	内蒙古	11058	11046	99.89
6	辽宁	11578	11578	100.00
7	吉林	9323	9323	100.00
8	黑龙江	8974	8974	100.00
9	上海	1525	1525	100.00
10	江苏	14225	14222	99.98
11	浙江	24139	24139	100.00
12	安徽	14393	14392	99.99
13	福建	14334	14334	100.00
14	江西	17041	17034	99.96
15	山东	71378	71352	99.96
16	河南	46098	46098	100.00
17	湖北	23879	23879	100.00
18	湖南	23840	23835	99.98
19	广东	19412	19412	100.00
20	广西	14229	14229	100.00
21	海南	2562	2562	100.00
22	重庆	8029	8029	100.00
23	四川	45501	45450	99.89
24	贵州	13531	13531	100.00
25	云南	12453	12452	99.99
26	西藏	5263	2050	38.95

续上表

序号	省（自治区、直辖市）及兵团	建制村总数（个）	通客车建制村数量（个）	建制村通客车率（%）
27	陕西	17015	17015	100.00
28	甘肃	15978	15978	100.00
29	青海	4146	4107	99.06
30	宁夏	2256	2256	100.00
31	新疆	8799	8798	99.99
32	兵团	3021	3002	99.37

注：数据来源于2020年底全国乡镇与建制村通客车台账。

6.1.2 城市建成区公交站点500米覆盖率

截至2020年底，全国城市建成区公交站点500米覆盖率平均值为96.15%。其中，天津、河北、山西、内蒙古、辽宁、吉林、黑龙江、上海、江苏、浙江、安徽、福建、江西、河南、湖北、湖南、广东、广西、重庆、海南、贵州、陕西、甘肃、宁夏24个省（自治区、直辖市）的城市建成区公交站点500米覆盖率均高于全国平均水平。2020年全国城市建成区公交站点500米覆盖率情况如图6-2和表6-2所示。

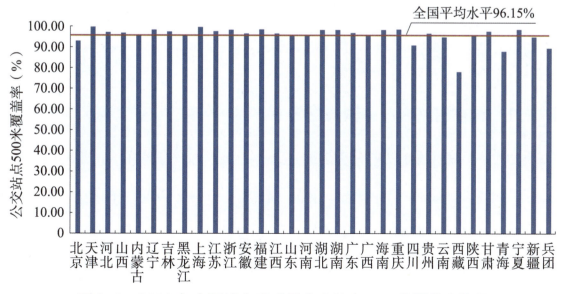

图6-2 2020年全国城市建成区公交站点500米覆盖率情况

2020 年全国城市建成区公交站点 500 米覆盖率情况　　　　表 6-2

序号	省（自治区、直辖市）及兵团	城市建成区公交站点 500 米覆盖率（%）	序号	省（自治区、直辖市）及兵团	城市建成区公交站点 500 米覆盖率（%）
1	北京	93.15	17	湖北	98.70
2	天津	100.00	18	湖南	98.75
3	河北	97.40	19	广东	97.10
4	山西	97.15	20	广西	96.65
5	内蒙古	96.15	21	海南	98.65
6	辽宁	98.50	22	重庆	98.95
7	吉林	97.85	23	四川	91.30
8	黑龙江	96.45	24	贵州	96.95
9	上海	100.00	25	云南	95.32
10	江苏	98.20	26	西藏	78.40
11	浙江	98.75	27	陕西	96.40
12	安徽	96.95	28	甘肃	98.20
13	福建	98.94	29	青海	88.40
14	江西	97.00	30	宁夏	98.80
15	山东	96.05	31	新疆	95.15
16	河南	96.60	32	兵团	89.90

注：数据来源于各省（自治区、直辖市）和兵团 2021 年城乡交通运输一体化发展水平自评估报告。

6.2 城乡客运服务方式

6.2.1 城乡道路客运车辆公交化率

截至 2020 年底，全国城乡道路客运车辆公交化率平均值为 74.87%。其中，北京、天津、河北、山西、内蒙古、上海、江苏、浙江、安徽、福建、江西、山东、河南、广东、海南、甘肃、宁夏 17 个省（自治区、直辖市）的城乡道路客运车辆公交化率均高于全国水平。2020 年全国城乡道路客运车辆公交化率情况如图 6-3 和表 6-3 所示。

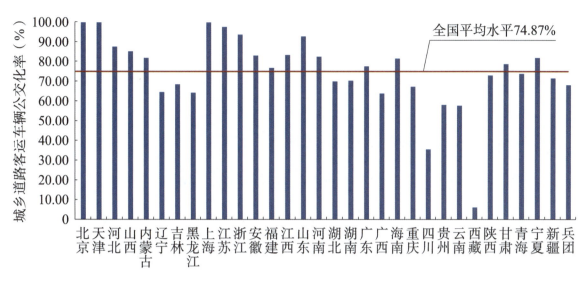

图 6-3　2020 年全国城乡道路客运车辆公交化率情况

2020 年全国城乡道路客运车辆公交化率情况　　　　表 6-3

序号	省（自治区、直辖市）及兵团	城乡道路客运车辆公交化率（%）	序号	省（自治区、直辖市）及兵团	城乡道路客运车辆公交化率（%）
1	北京	99.80	17	湖北	70.00
2	天津	100.00	18	湖南	70.40
3	河北	87.60	19	广东	77.80
4	山西	85.20	20	广西	63.80
5	内蒙古	81.80	21	海南	81.40
6	辽宁	64.60	22	重庆	67.20
7	吉林	68.40	23	四川	35.40
8	黑龙江	64.20	24	贵州	58.20
9	上海	100.00	25	云南	57.55
10	江苏	97.60	26	西藏	6.00
11	浙江	93.60	27	陕西	73.00
12	安徽	82.93	28	甘肃	78.80
13	福建	76.84	29	青海	73.80
14	江西	83.20	30	宁夏	81.80
15	山东	92.80	31	新疆	71.40
16	河南	82.80	32	兵团	68.00

注：数据来源于各省（自治区、直辖市）和兵团 2021 年城乡交通运输一体化发展水平自评估报告。

6.2.2 农村客运服务方式占比

截至 2020 年底，全国农村客运的通达方式主要包括城乡公交、班线客运、区域经营、预约响应、岛屿通船 5 种。已通客车的 31736 个乡镇和 543481 个建制村中，通城乡公交、班线客运、区域经营、预约响应、客船（岛屿通船视作通客车）的比例分别为 38.2%、52.2%、4.0%、5.6%、0.06%。北京、天津、河北、山西、上海、江苏、浙江、安徽、江西、山东、广东、海南、青海 13 个省（自治区、直辖市）的建制村通城乡公交的比例高于全国水平。2020 年全国具备条件的乡镇和建制村通客车方式占比情况如表 6-4、图 6-4 和图 6-5 所示。

2020 年全国具备条件的乡镇和建制村通客车方式占比情况　　表 6-4

序号	省（自治区、直辖市）及兵团	形式	数量	农村客运服务占比（%）					
				公交	班线	区域经营	预约响应	岛屿通船	其他
1	北京	乡镇	181	89.50	10.50	0.00	0.00	0.00	0.00
		建制村	3916	87.10	12.40	0.50	0.10	0.00	0.00
2	天津	乡镇	129	82.20	17.80	0.00	0.00	0.00	0.00
		建制村	3538	70.50	29.50	0.00	0.00	0.00	0.00
3	河北	乡镇	1969	41.20	57.90	0.70	0.20	0.00	0.00
		建制村	49012	56.50	39.80	1.50	2.20	0.00	0.00
4	山西	乡镇	1196	49.90	49.20	0.70	0.30	0.00	0.00
		建制村	26413	41.20	45.30	7.30	6.20	0.00	0.00
5	内蒙古	乡镇	776	20.95	76.22	0.00	2.83	0.00	0.00
		建制村	11046	17.65	73.68	0.00	8.56	0.00	0.10
6	辽宁	乡镇	868	19.20	80.50	0.00	0.00	2.30	0.00
		建制村	11578	21.28	78.52	0.00	0.04	0.16	0.00
7	吉林	乡镇	612	21.24	78.59	0.00	0.33	0.00	0.00
		建制村	9323	17.99	81.48	0.21	0.32	0.00	0.00
8	黑龙江	乡镇	891	29.63	70.26	0.00	0.11	0.00	0.00
		建制村	8974	23.01	75.30	0.06	1.63	0.00	0.00

续上表

序号	省（自治区、直辖市）及兵团	形式	数量	农村客运服务占比（%）					
				公交	班线	区域经营	预约响应	岛屿通船	其他
9	上海	乡镇	109	100	0.00	0.00	0.00	0.00	0.00
		建制村	1525	100	0.00	0.00	0.00	0.00	0.00
10	江苏	乡镇	759	65.74	34.26	0.00	0.00	0.00	0.00
		建制村	14222	66.09	33.88	0.00	0.00	0.03	0.00
11	浙江	乡镇	908	53.08	46.15	0.33	0.00	0.44	0.00
		建制村	24139	60.36	35.01	1.95	2.57	0.11	0.00
12	安徽	乡镇	1233	55.20	43.00	0.00	0.00	1.80	0.00
		建制村	14392	43.40	54.30	0.30	1.90	0.10	0.00
13	福建	乡镇	923	41.20	58.70	0.00	0.00	0.20	0.00
		建制村	14334	36.00	50.40	6.50	6.70	0.30	0.00
14	江西	乡镇	1413	47.56	52.23	0.00	0.14	0.07	0.00
		建制村	17034	40.37	51.44	4.12	3.55	0.12	0.40
15	山东	乡镇	1162	93.12	6.28	0.00	0.00	0.60	0.00
		建制村	71352	91.24	8.17	0.02	0.50	0.07	0.00
16	河南	乡镇	1804	32.20	67.80	0.10	0.00	0.00	0.00
		建制村	46098	29.40	65.70	4.40	0.50	0.00	0.00
17	湖北	乡镇	950	18.63	81.15	0.11	0.11	0.00	0.00
		建制村	23879	14.12	68.52	9.07	8.26	0.03	0.00
18	湖南	乡镇	1532	8.88	90.86	0.26	0.00	0.00	0.00
		建制村	23835	13.04	81.52	2.41	2.96	0.07	0.00
19	广东	乡镇	1134	49.47	49.38	0.62	0.18	0.35	0.00
		建制村	19412	44.07	42.60	2.43	10.57	0.33	0.00
20	广西	乡镇	1118	35.42	64.22	0.09	0.27	0.00	0.00
		建制村	14229	22.78	52.87	2.56	21.65	0.14	0.00
21	海南	乡镇	197	36.04	59.39	4.57	0.00	0.00	0.00
		建制村	2562	39.07	50.70	3.53	6.66	0.04	0.00

续上表

序号	省（自治区、直辖市）及兵团	形式	数量	农村客运服务占比（％）					
				公交	班线	区域经营	预约响应	岛屿通船	其他
22	重庆	乡镇	804	17.79	81.72	0.49	0.00	0.00	0.00
		建制村	8029	13.10	67.52	16.10	3.28	0.00	0.00
23	四川	乡镇	4215	17.00	77.00	3.20	2.80	0.00	0.00
		建制村	45450	12.80	59.80	9.80	17.60	0.00	0.00
24	贵州	乡镇	1173	11.08	85.51	3.24	0.17	0.00	0.00
		建制村	13531	7.92	59.26	22.57	11.26	0.00	0.00
25	云南	乡镇	1270	23.10	67.70	9.20	0.00	0.00	0.00
		建制村	12452	21.40	56.80	19.20	2.60	0.00	0.00
26	西藏	乡镇	476	5.88	94.12	0.00	0.00	0.00	0.00
		建制村	2050	7.70	92.10	0.00	0.00	0.00	0.00
27	陕西	乡镇	996	22.09	77.51	0.10	0.30	0.00	0.00
		建制村	17015	24.06	66.19	1.66	8.05	0.04	0.00
28	甘肃	乡镇	1227	15.32	80.60	1.88	2.20	0.00	0.00
		建制村	15978	12.31	71.91	2.50	13.28	0.00	0.00
29	青海	乡镇	366	45.10	48.90	3.60	2.40	0.00	0.00
		建制村	4107	54.30	31.50	8.00	6.20	0.00	0.00
30	宁夏	乡镇	193	41.45	57.51	1.04	0.00	0.00	0.00
		建制村	2256	35.06	61.35	1.99	1.60	0.00	0.00
31	新疆	乡镇	867	25.49	73.82	0.23	0.46	0.00	0.00
		建制村	8798	18.29	77.58	0.53	3.60	0.00	0.00
32	兵团	乡镇	311	17.40	31.50	51.10	0.00	0.00	0.00
		建制村	3002	11.30	40.20	48.50	0.00	0.00	0.00

注：农村客运服务占比数据来源于各省（自治区、直辖市）和兵团2021年乡镇和建制村通客车质量评估报告。

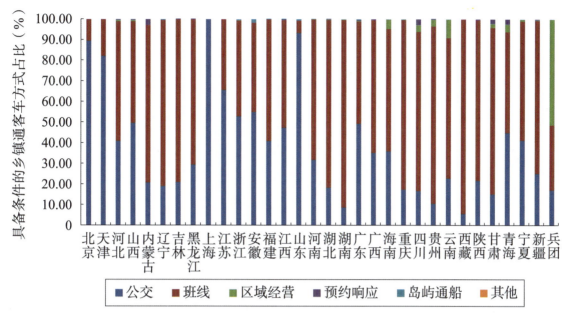

图 6-4　2020 年全国具备条件的乡镇通客车方式占比情况

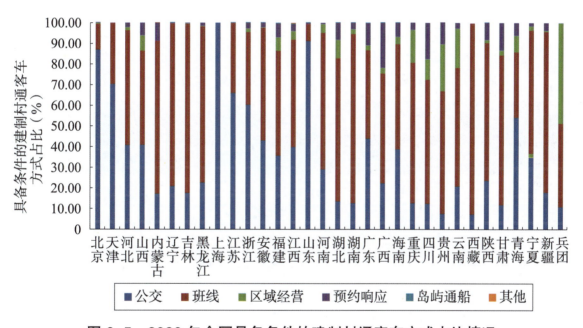

图 6-5　2020 年全国具备条件的建制村通客车方式占比情况

6.3　城乡客运安全水平

截至 2020 年底，全国城乡道路客运车辆交通责任事故万车死亡率平均值为 1.80 人/万车。其中，北京、河北、山西、辽宁、吉林、黑龙江、山东、河南、湖北、湖南、广东、海南、四川、贵州、云南、西藏、陕西、甘肃、青海、新疆 20 个省（自治区、直辖市）和兵团的城乡道路客运车辆交通责任事故万车死亡率低于全国平均水平。2020 年全国城乡道路客运车辆交通责任事故万车死亡率情况如图 6-6 和表 6-5 所示。

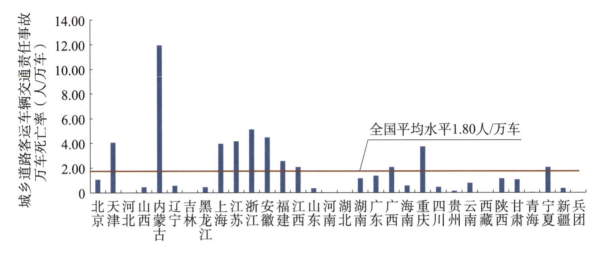

图 6-6　2020 年全国城乡道路客运车辆交通责任事故万车死亡率情况

2020 年全国城乡道路客运车辆交通责任事故万车死亡率情况　　表 6-5

序号	省（自治区、直辖市）及兵团	城乡道路客运车辆交通责任事故万车死亡率（人/万车）
1	北京	1.10
2	天津	4.10
3	河北	0.00
4	山西	0.50
5	内蒙古	12.00
6	辽宁	0.60
7	吉林	0.00
8	黑龙江	0.50
9	上海	4.00
10	江苏	4.20
11	浙江	5.20
12	安徽	4.54

续上表

序号	省（自治区、直辖市）及兵团	城乡道路客运车辆交通责任事故万车死亡率（人/万车）
13	福建	2.63
14	江西	2.10
15	山东	0.40
16	河南	0.10
17	湖北	0.00
18	湖南	1.20
19	广东	1.40
20	广西	2.10
21	海南	0.60
22	重庆	3.80
23	四川	0.50
24	贵州	0.20
25	云南	0.84
26	西藏	0.00
27	陕西	1.20
28	甘肃	1.10
29	青海	0.10
30	宁夏	2.10
31	新疆	0.40
32	兵团	0.00

注：数据来源于各省（自治区、直辖市）和兵团2021年城乡交通运输一体化发展水平自评估报告。

6.4 城乡客运信息化水平

6.4.1 城乡客运信息对外发布情况

截至2020年底，全国行政区域内通过互联网对外动态发布城乡客运信息的比例为82.6%，其中，北京、内蒙古、上海、江苏、四川5个省（自治区、直辖市）已实现行政区域内普遍通过互联网对外动态发布城乡客运信息，此外，天津、辽宁、吉林、浙江、福建、江西、山东、河南、湖北、湖南、广西、重庆、贵州13个省（自治区、直辖市）的行政区域内通过互联网对外动态发布城乡客运信息比例高于全国平均水平。2020年全国行政区域内通过互联网对外动态发布城乡客运信息情况如图6-7和表6-6所示。

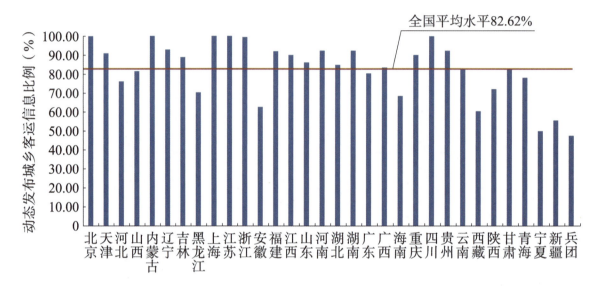

图6-7 2020年全国行政区域内通过互联网对外动态发布城乡客运信息情况

2020年全国行政区域内通过互联网对外动态发布城乡客运信息情况　表6-6

序号	省（自治区、直辖市）及兵团	通过互联网对外动态发布城乡客运信息比例（%）
1	北京	100.0
2	天津	91.0
3	河北	76.0
4	山西	81.5
5	内蒙古	100.0
6	辽宁	93.0
7	吉林	89.0
8	黑龙江	70.5
9	上海	100.0

续上表

序号	省（自治区、直辖市）及兵团	通过互联网对外动态发布城乡客运信息比例（%）
10	江苏	100.0
11	浙江	99.5
12	安徽	62.7
13	福建	92.0
14	江西	90.0
15	山东	86.0
16	河南	92.5
17	湖北	85.0
18	湖南	92.5
19	广东	80.5
20	广西	83.5
21	海南	68.5
22	重庆	90.0
23	四川	100.0
24	贵州	92.5
25	云南	82.0
26	西藏	60.5
27	陕西	72.0
28	甘肃	82.0
29	青海	78.0
30	宁夏	50.0
31	新疆	55.5
32	兵团	47.5

注：数据来源于各省（自治区、直辖市）和兵团2021年城乡交通运输一体化发展水平自评估报告。

6.4.2 农村客运车辆动态监控设备安装使用情况

截至2020年底，全国行政区域内农村客运车辆动态监控设备安装使用率为93.6%。北京、天津、辽宁、吉林、上海、江苏、浙江、广东、贵州、西藏 10 个省（自治区、直辖市）的农村客运车辆动态监控设备安装使用率达到 100%。2020 年全国行政区域内农村客运车辆动态监控设备安装使用情况如图 6-8 和表 6-7 所示。

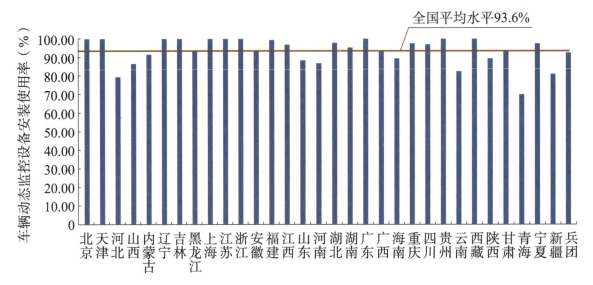

图 6-8　2020 年全国行政区域内农村客运车辆动态监控设备安装使用情况

2020 年全国行政区域内农村客运车辆动态监控设备安装使用情况　表 6-7

序号	省（自治区、直辖市）及兵团	车辆动态监控设备安装使用率（%）
1	北京	100.0
2	天津	100.0
3	河北	79.5
4	山西	86.5
5	内蒙古	91.5
6	辽宁	100.0
7	吉林	100.0
8	黑龙江	93.0
9	上海	100.0
10	江苏	100.0
11	浙江	100.0
12	安徽	93.6
13	福建	99.5

续上表

序号	省（自治区、直辖市）及兵团	车辆动态监控设备安装使用率（%）
14	江西	97.0
15	山东	88.5
16	河南	87.0
17	湖北	98.0
18	湖南	95.5
19	广东	100.0
20	广西	93.0
21	海南	89.5
22	重庆	97.5
23	四川	97.0
24	贵州	100.0
25	云南	82.5
26	西藏	100.0
27	陕西	90.5
28	甘肃	94.0
29	青海	70.0
30	宁夏	97.5
31	新疆	81.0
32	兵团	92.5

注：数据来源于各省（自治区、直辖市）和兵团2021年城乡交通运输一体化发展水平自评估报告。

6.4.3 客运站联网售票覆盖率

截至2020年底，全国二级以上汽车客运站省域道路客运联网售票平均覆盖率为84.2%。北京、上海、江苏、浙江、山东、海南、重庆、新疆8个省（自治区、直辖市）的二级以上汽车客运站省域道路客运联网售票覆盖率达到100%。2020年全国二级以上汽车客运站省域道路客运联网售票覆盖率如图6-9和表6-8所示。

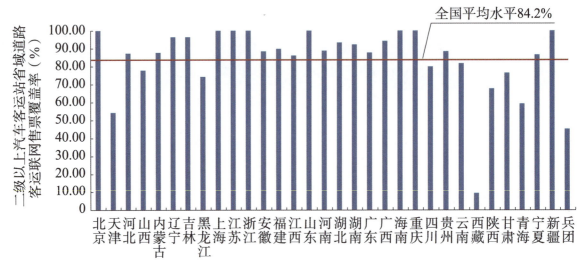

图6-9 2020年全国二级以上汽车客运站省域道路客运联网售票覆盖率

2020年全国二级以上汽车客运站省域道路客运联网售票覆盖率　　表6-8

序号	省（自治区、直辖市）及兵团	二级以上汽车客运站省域道路客运联网售票覆盖率（％）
1	北京	100.0
2	天津	54.5
3	河北	87.5
4	山西	78.0
5	内蒙古	88.0
6	辽宁	96.5
7	吉林	96.5
8	黑龙江	74.5
9	上海	100.0
10	江苏	100.0
11	浙江	100.0
12	安徽	88.4
13	福建	90.0
14	江西	86.0
15	山东	100.0
16	河南	89.0
17	湖北	93.5
18	湖南	92.5

续上表

序号	省（自治区、直辖市）及兵团	二级以上汽车客运站省域道路客运联网售票覆盖率（%）
19	广东	88.0
20	广西	94.5
21	海南	100.0
22	重庆	100.0
23	四川	80.0
24	贵州	88.5
25	云南	82.0
26	西藏	9.5
27	陕西	68.0
28	甘肃	76.5
29	青海	59.5
30	宁夏	87.0
31	新疆	100.0
32	兵团	45.5

注：数据来源于各省（自治区、直辖市）和兵团2021年城乡交通运输一体化发展水平自评估报告。

第 7 章 城乡货运物流服务一体化发展水平

7.1 建制村农村物流服务覆盖率

截至 2020 年底，全国建制村农村物流服务覆盖率为 94.3%。其中，北京、上海、江苏、海南、四川和西藏 6 个省（自治区、直辖市）的建制村农村物流服务覆盖率达到 100%；此外，天津、辽宁、黑龙江、浙江、安徽、山东、河南、广东、甘肃、宁夏 10 个省（自治区、直辖市）的建制村农村物流服务覆盖率均高于全国平均水平。2020 年全国建制村农村物流服务覆盖情况如图 7-1 和表 7-1 所示。

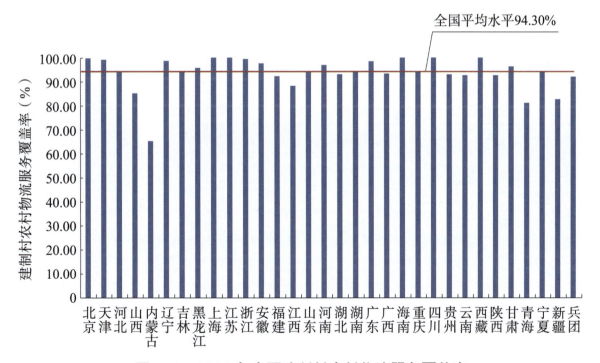

图 7-1　2020 年全国建制村农村物流服务覆盖率

2020 年全国建制村农村物流服务覆盖情况 表 7-1

序号	省(自治区、直辖市)及兵团	开通农村物流服务的建制村数量(个)	全部建制村数量(个)	建制村农村物流服务覆盖率(%)
1	北京	3916	3916	100
2	天津	3513	3538	99.3
3	河北	46071	49012	94
4	山西	22510	26421	85.2
5	内蒙古	7209	11058	65.2
6	辽宁	11450	11578	98.9
7	吉林	8772	9323	94.1
8	黑龙江	8606	8974	95.9
9	上海	1525	1525	100
10	江苏	14225	14225	100
11	浙江	24018	24139	99.5
12	安徽	14097	14393	97.95
13	福建	13271	14334	92.59
14	江西	15064	17041	88.4
15	山东	67809	71378	95
16	河南	44761	46098	97.1
17	湖北	22207	23879	93
18	湖南	22409	23840	94
19	广东	19140	19412	98.6
20	广西	13289	14229	93.4
21	海南	2562	2562	100
22	重庆	7563	8029	94.2
23	四川	45501	45501	100
24	贵州	12610	13531	93.2
25	云南	11548	12453	92.74
26	西藏	5263	5263	100
27	陕西	15790	17015	92.8
28	甘肃	15386	15978	96.3

续上表

序号	省(自治区、直辖市)及兵团	开通农村物流服务的建制村数量（个）	全部建制村数量（个）	建制村农村物流服务覆盖率（%）
29	青海	3374	4146	81.4
30	宁夏	2134	2256	94.6
31	新疆	7303	8799	83
32	兵团	2779	3021	92

注：数据来源于各省（自治区、直辖市）和兵团2021年城乡交通运输一体化发展水平自评估报告。

7.2 乡镇农村物流节点覆盖率

截至2020年底，全国乡镇农村物流节点覆盖率为96.1%。其中，北京、天津、上海、江苏、浙江、四川、西藏、宁夏8个省（自治区、直辖市）的乡镇农村物流节点覆盖率达到100%；此外，辽宁、黑龙江、安徽、福建、山东、湖南、广东、广西、海南、重庆、贵州、云南、甘肃13个省（自治区、直辖市）和兵团的乡镇农村物流节点覆盖率高于全国水平。2020年全国乡镇农村物流节点覆盖情况如图7-2和表7-2所示。

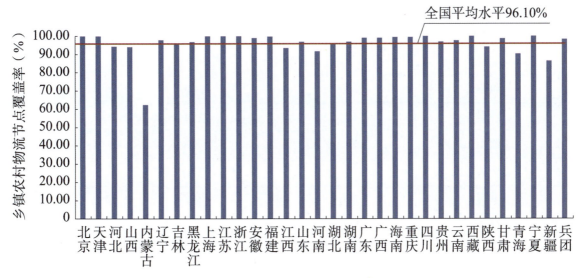

图7-2 2020年全国乡镇农村物流节点覆盖率

2020年全国乡镇农村物流节点覆盖情况　　　　表7-2

序号	省（自治区、直辖市）及兵团	建有农村物流节点的乡镇数量（个）	全部乡镇数量（个）	乡镇农村物流节点覆盖率（%）
1	北京	181	181	100.00
2	天津	129	129	100.00
3	河北	1863	1969	94.63
4	山西	1127	1196	94.25
5	内蒙古	486	778	62.50
6	辽宁	852	868	98.13
7	吉林	587	612	95.88
8	黑龙江	863	891	96.88
9	上海	109	109	100.00
10	江苏	760	760	100.00
11	浙江	908	908	100.00
12	安徽	1222	1233	99.10
13	福建	920	923	99.68
14	江西	1319	1413	93.38
15	山东	1126	1162	96.88
16	河南	1653	1804	91.63
17	湖北	907	950	95.50
18	湖南	1484	1532	96.88
19	广东	1123	1134	99.00
20	广西	1107	1118	99.00
21	海南	196	197	99.38
22	重庆	799	804	99.38
23	四川	4251	4251	100.00
24	贵州	1136	1173	96.88
25	云南	1240	1270	97.63
26	西藏	685	685	100.00
27	陕西	939	996	94.25
28	甘肃	1210	1227	98.63
29	青海	330	366	90.25

续上表

序号	省(自治区、直辖市)及兵团	建有农村物流节点的乡镇数量（个）	全部乡镇数量（个）	乡镇农村物流节点覆盖率（%）
30	宁夏	193	193	100.00
31	新疆	749	867	86.38
32	兵团	310	315	98.38

注：数据来源于各省（自治区、直辖市）和兵团2021年城乡交通运输一体化发展水平自评估报告。

7.3 运输站场综合利用率

截至2020年底，全国运输站场综合利用率平均值为72.55%。其中，北京、上海的运输站场综合利用率达到100%；此外，天津、辽宁、吉林、黑龙江、浙江、福建、江西、山东、湖北、湖南、广东、海南、重庆、甘肃、新疆15个省（自治区、直辖市）的乡镇农村物流节点覆盖率均高于全国平均水平。整体来看，东部地区、中部地区、东北地区的运输站场综合利用率高于西部地区。西部地区运输站场综合利用率平均值低于70%。2020年全国运输站场综合利用率情况如图7-3和表7-3所示。

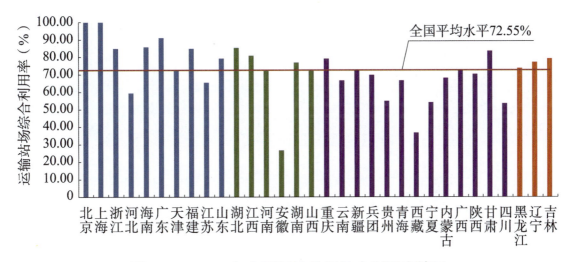

图7-3 2020年全国运输站场综合利用率情况

2020 年全国运输站场综合利用率情况　　　　表 7-3

地区	序号	省（自治区、直辖市）及兵团	运输站场综合利用率（%）
东部地区	1	北京	100.00
	2	上海	100.00
	3	浙江	85.17
	4	河北	59.67
	5	海南	86.00
	6	广东	91.17
	7	天津	72.67
	8	福建	85.17
	9	江苏	65.50
	10	山东	79.33
中部地区	11	湖北	85.67
	12	江西	81.17
	13	河南	72.17
	14	安徽	27.04
	15	湖南	77.17
	16	山西	72.50
西部地区	17	重庆	79.50
	18	云南	66.79
	19	新疆	73.33
	20	兵团	70.00
	21	贵州	55.17
	22	青海	66.67
	23	西藏	37.17
	24	宁夏	54.67
	25	内蒙古	68.17

续上表

地　区	序号	省（自治区、直辖市）及兵团	运输站场综合利用率（%）
西部地区	26	广西	71.83
	27	陕西	70.33
	28	甘肃	83.67
	29	四川	53.67
东北地区	30	黑龙江	73.83
	31	辽宁	77.00
	32	吉林	79.50

注：数据来源于各省（自治区、直辖市）和兵团2021年城乡交通运输一体化发展水平自评估报告。

第8章 城乡交通运输一体化发展环境

8.1 组织保障情况

8.1.1 纳入工作目标情况

截至2020年底,全国各地将城乡交通运输一体化水平纳入当地全面建成小康社会目标或年度工作目标的县级行政区所占比例平均为85.18%。其中,北京、上海、四川、西藏4个省(自治区、直辖市)的所有县级行政区都将城乡交通运输一体化水平纳入工作目标,此外,天津、河北、山西、辽宁、吉林、福建、江西、山东、湖北、湖南、重庆、贵州、云南、陕西、甘肃、宁夏16个省(自治区、直辖市)和兵团将城乡交通运输一体化水平纳入工作目标的县级行政区比例高于全国平均水平。2020年全国将城乡交通运输一体化水平纳入工作目标的县级行政区比例情况如图8-1和表8-1所示。

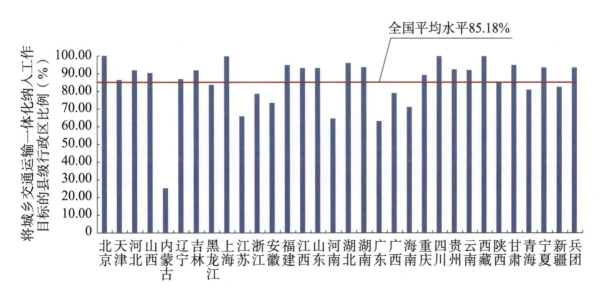

图8-1 2020年全国将城乡交通运输一体化水平纳入工作目标的县级行政区比例情况

表 8-1 2020 年全国将城乡交通运输一体化水平纳入工作目标的县级行政区比例情况

序号	省（自治区、直辖市）及兵团	纳入工作目标的县级行政区比例（%）
1	北京	100.00
2	天津	86.25
3	河北	91.75
4	山西	90.25
5	内蒙古	25.00
6	辽宁	86.75
7	吉林	91.75
8	黑龙江	83.75
9	上海	100.00
10	江苏	66.00
11	浙江	78.50
12	安徽	73.48
13	福建	94.75
14	江西	93.25
15	山东	93.25
16	河南	64.75
17	湖北	95.75
18	湖南	93.50
19	广东	63.25
20	广西	79.00
21	海南	71.00
22	重庆	89.00
23	四川	100.00
24	贵州	92.50
25	云南	92.00
26	西藏	100.00
27	陕西	85.50

续上表

序号	省（自治区、直辖市）及兵团	纳入工作目标的县级行政区比例（%）
28	甘肃	94.50
29	青海	81.00
30	宁夏	93.50
31	新疆	82.25
32	兵团	93.50

注：数据来源于各省（自治区、直辖市）和兵团2021年城乡交通运输一体化发展水平自评估报告。

8.1.2 建立工作机制情况

截至2020年底，全国各地由县级人民政府组织相关部门建立责任分工明确的工作机制的县级行政区所占比例平均为82.3%。其中，北京、天津、上海、四川、西藏5个省（自治区、直辖市）的所有县级行政区都建立了相关工作机制，此外，河北、山西、辽宁、吉林、黑龙江、福建、江西、山东、湖北、湖南、重庆、贵州、云南、陕西、甘肃、宁夏16个省（自治区、直辖市）和兵团建立相关工作机制的县级行政区比例高于全国平均水平。2020年全国建立工作机制的县级行政区比例情况如图8-2和表8-2所示。

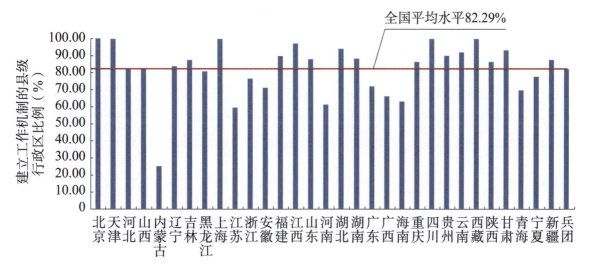

图8-2 2020年全国建立工作机制的县级行政区比例情况

2020年全国建立工作机制的县级行政区比例情况　　表8-2

序号	省（自治区、直辖市）及兵团	建立工作机制的县级行政区比例（%）
1	北京	100.00
2	天津	100.00
3	河北	82.75
4	山西	83.00
5	内蒙古	25.00
6	辽宁	83.75
7	吉林	87.50
8	黑龙江	80.75
9	上海	100.00
10	江苏	59.50
11	浙江	76.50
12	安徽	71.04
13	福建	89.75
14	江西	97.00
15	山东	88.00
16	河南	61.00
17	湖北	94.25
18	湖南	88.25
19	广东	71.75
20	广西	66.00
21	海南	63.25
22	重庆	86.50
23	四川	100.00
24	贵州	89.75
25	云南	92.00
26	西藏	100.00
27	陕西	86.50
28	甘肃	93.25
29	青海	69.75

续上表

序号	省（自治区、直辖市）及兵团	建立工作机制的县级行政区比例（%）
30	宁夏	77.75
31	新疆	87.50
32	兵团	81.50

注：数据来源于各省（自治区、直辖市）和兵团 2021 年城乡交通运输一体化发展水平自评估报告。

8.2 安全保障情况

8.2.1 安全隐患治理比例

截至 2020 年底，我国各省级行政区域内通客车的农村公路中，已实施安全隐患治理的里程数占总里程的比例平均值为 95.53%。其中，北京、上海、四川、西藏 4 个省（自治区、直辖市）和兵团通客车农村公路安全隐患治理率为 100%，此外，黑龙江、江苏、浙江、安徽、福建、江西、河南、湖北、湖南、广东、海南、贵州、甘肃、宁夏 14 个省（自治区、直辖市）通客车农村公路安全隐患治理率高于全国平均水平。2020 年全国通客车农村公路安全隐患治理率如图 8-3 和表 8-3 所示。

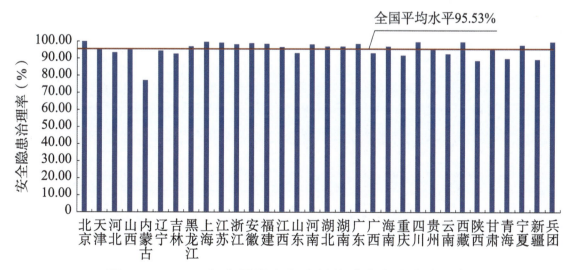

图 8-3 2020 年全国通客车农村公路安全隐患治理率

2020 年全国通客车农村公路安全隐患治理率　　　　　表 8-3

序号	省（自治区、直辖市）及兵团	通客车农村公路安全隐患治理率（%）
1	北京	100.00
2	天津	95.00
3	河北	93.67
4	山西	95.33
5	内蒙古	77.33
6	辽宁	94.67
7	吉林	93.00
8	黑龙江	97.33
9	上海	100.00
10	江苏	99.33
11	浙江	98.33
12	安徽	99.24
13	福建	98.67
14	江西	96.67
15	山东	93.33
16	河南	98.33
17	湖北	97.33
18	湖南	97.00
19	广东	98.67
20	广西	93.33
21	海南	97.00
22	重庆	92.33
23	四川	100.00
24	贵州	96.33
25	云南	93.00
26	西藏	100.00
27	陕西	88.67
28	甘肃	95.67

续上表

序号	省（自治区、直辖市）及兵团	通客车农村公路安全隐患治理率（%）
29	青海	90.00
30	宁夏	98.00
31	新疆	89.33
32	兵团	100.00

注：数据来源于各省（自治区、直辖市）和兵团2021年城乡交通运输一体化发展水平自评估报告。

8.2.2 农村客运班线通行条件联合审核机制建立情况

截至2020年底，全国各地由县级有关部门建立了农村客运班线通行条件联合审核机制的县级行政区平均比例为89.9%。其中，北京、上海、江苏、四川、西藏5个省（自治区、直辖市）的所有县级行政区都建立了联合审核机制，此外，天津、山西、辽宁、吉林、浙江、安徽、福建、江西、河南、湖北、湖南、广东、重庆、贵州、云南、甘肃、新疆17个省（自治区、直辖市）和兵团建立联合审核机制的县级行政区比例高于全国平均水平。2020年全国建立农村客运班线通行条件联合审核机制的县级行政区比例情况如图8-4和表8-4所示。

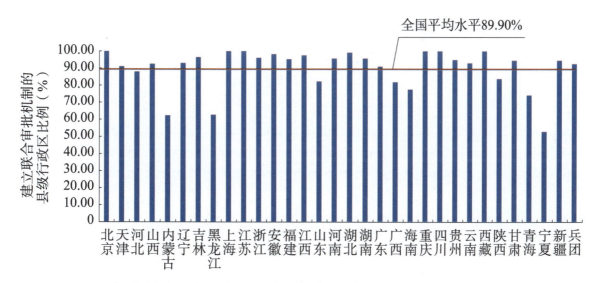

图8-4 2020年全国建立农村客运班线通行条件联合审核机制的县级行政区比例情况

表 8-4 2020 年全国建立农村客运班线通行条件联合审核机制的县级行政区比例情况

序号	省（自治区、直辖市）及兵团	建立联合审核机制的县级行政区比例（%）
1	北京	100.00
2	天津	91.00
3	河北	88.00
4	山西	92.67
5	内蒙古	62.33
6	辽宁	93.00
7	吉林	96.33
8	黑龙江	62.67
9	上海	100.00
10	江苏	100.00
11	浙江	96.00
12	安徽	98.37
13	福建	95.33
14	江西	97.67
15	山东	82.33
16	河南	95.67
17	湖北	99.00
18	湖南	95.67
19	广东	91.00
20	广西	82.00
21	海南	77.67
22	重庆	99.67
23	四川	100.00
24	贵州	95.00
25	云南	93.00
26	西藏	100.00
27	陕西	83.67
28	甘肃	94.33
29	青海	74.33

续上表

序号	省（自治区、直辖市）及兵团	建立联合审核机制的县级行政区比例（%）
30	宁夏	52.67
31	新疆	94.67
32	兵团	92.67

注：数据来源于各省（自治区、直辖市）和兵团 2021 年城乡交通运输一体化发展水平自评估报告。

8.3 经费保障情况

截至 2020 年底，全国各地制定了有效财政补贴政策，保障农村公路建设、养护、管理和农村客货运输、农村邮政、城市公交等城乡交通运输服务稳定运营的县级行政区平均比例为 85.68%。其中，北京、上海、四川、西藏 4 个省（自治区、直辖市）的所有县级行政区都制定了财政补贴政策，此外，天津、河北、山西、吉林、浙江、福建、江西、河南、湖北、湖南、广东、广西、海南、重庆、贵州、云南、陕西、宁夏 18 个省（自治区、直辖市）制定了财政补贴政策的县级行政区比例高于全国平均水平。2020 年全国制定财政补贴政策的县级行政区比例如图 8-5 和表 8-5 所示。

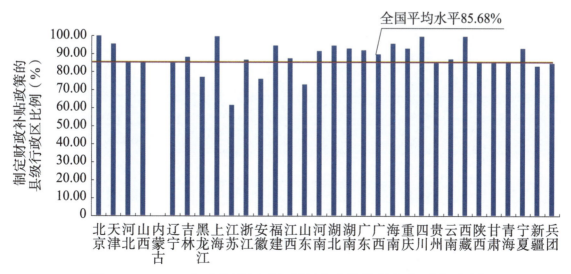

图 8-5　2020 年全国制定财政补贴政策的县级行政区比例

2020 年全国制定财政补贴政策的县级行政区比例　　表 8-5

序号	省（自治区、直辖市）及兵团	制定财政补贴政策的县级行政区比例（%）
1	北京	100.00
2	天津	95.50
3	河北	86.50
4	山西	86.00
5	内蒙古	0.00
6	辽宁	85.50
7	吉林	88.50
8	黑龙江	77.25
9	上海	100.00
10	江苏	61.75
11	浙江	87.00
12	安徽	76.07
13	福建	94.87
14	江西	87.75
15	山东	73.00
16	河南	91.75
17	湖北	95.00
18	湖南	93.25
19	广东	92.00
20	广西	89.75
21	海南	96.00
22	重庆	93.25
23	四川	100.00
24	贵州	86.25
25	云南	87.20
26	西藏	100.00
27	陕西	86.25
28	甘肃	85.00
29	青海	85.00

续上表

序号	省（自治区、直辖市）及兵团	制定财政补贴政策的县级行政区比例（%）
30	宁夏	93.50
31	新疆	83.25
32	兵团	84.75

注：数据来源于各省（自治区、直辖市）和兵团2021年城乡交通运输一体化发展水平自评估报告。

8.4 跨业融合情况

8.4.1 客货邮运输企业合作情况

截至2020年底，全国各地交通运输企业与邮政、快递等企业开展了合作的县级行政区平均比例为69.19%，其中，北京、上海所有县级行政区都开展了客货邮运输企业合作，此外，辽宁、吉林、江苏、浙江、福建、江西、河南、湖北、湖南、海南、重庆、四川、贵州、云南、甘肃15个省（自治区、直辖市）和兵团开展客货邮运输企业合作的县级行政区比例高于全国平均水平。2020年全国客货邮运输企业合作的县级行政区比例如图8-6和表8-6所示。

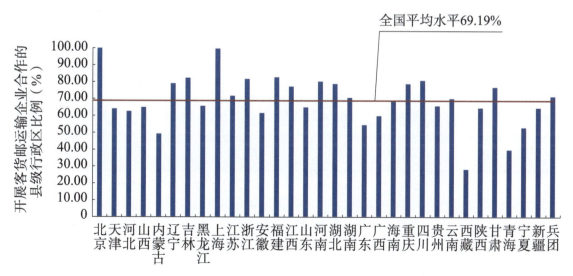

图8-6　2020年全国客货邮运输企业合作的县级行政区比例

2020 年全国客货邮运输企业合作的县级行政区比例　　表 8-6

序号	省（自治区、直辖市）及兵团	客货邮运输企业合作的县级行政区比例（%）
1	北京	100.00
2	天津	63.75
3	河北	62.25
4	山西	64.50
5	内蒙古	49.25
6	辽宁	79.25
7	吉林	82.50
8	黑龙江	65.50
9	上海	100.00
10	江苏	71.75
11	浙江	81.50
12	安徽	61.59
13	福建	83.00
14	江西	77.25
15	山东	65.00
16	河南	80.50
17	湖北	78.75
18	湖南	70.75
19	广东	54.25
20	广西	59.75
21	海南	69.75
22	重庆	78.75
23	四川	80.75

续上表

序号	省（自治区、直辖市）及兵团	客货邮运输企业合作的县级行政区比例（%）
24	贵州	65.75
25	云南	70.25
26	西藏	27.75
27	陕西	64.75
28	甘肃	76.75
29	青海	39.75
30	宁夏	52.75
31	新疆	64.50
32	兵团	71.50

注：数据来源于各省（自治区、直辖市）和兵团2021年城乡交通运输一体化发展水平自评估报告。

8.4.2 支撑农村经济发展情况

截至2020年底，全国各地依托特色产业、生态旅游、电子商务等资源，以物流运输为载体有效整合生产、流通加工、销售等环节，对促进一二三产业融合，农村地区经济发展起到支撑保障作用的县级行政区平均比例为69.72%。其中，北京、上海、四川3个省（自治区、直辖市）所有县级行政区的城乡交通运输发展都对农村经济发展起到了较好的支撑保障作用，此外，山西、辽宁、吉林、江苏、福建、江西、山东、湖北、湖南、贵州、陕西、甘肃12个省（自治区、直辖市）的城乡交通运输发展对农村经济发展起到较好支撑保障作用的县级行政区比例高于全国平均水平。2020年全国城乡交通运输发展对农村经济发展起到较好支撑保障作用的县级行政区比例情况如图8-7和表8-7所示。

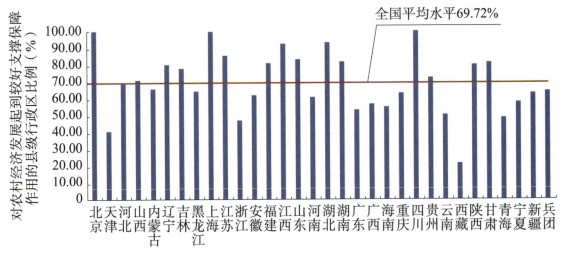

图 8-7 2020 年全国城乡交通运输发展对农村经济发展起到较好支撑保障作用的县级行政区比例情况

2020 年全国城乡交通运输发展对农村经济发展起到较好支撑保障作用的县级行政区比例情况　表 8-7

序号	省（自治区、直辖市）及兵团	对农村经济发展起到较好支撑保障作用的县级行政区比例（%）
1	北京	100.00
2	天津	41.00
3	河北	69.00
4	山西	71.00
5	内蒙古	66.00
6	辽宁	80.50
7	吉林	78.00
8	黑龙江	64.50
9	上海	100.00
10	江苏	85.50
11	浙江	47.50
12	安徽	62.50
13	福建	81.00
14	江西	92.50
15	山东	83.50
16	河南	61.00

续上表

序号	省（自治区、直辖市）及兵团	对农村经济发展起到较好支撑保障作用的县级行政区比例（%）
17	湖北	93.50
18	湖南	82.00
19	广东	53.50
20	广西	57.00
21	海南	55.50
22	重庆	63.50
23	四川	100.00
24	贵州	72.50
25	云南	51.00
26	西藏	22.00
27	陕西	80.50
28	甘肃	81.50
29	青海	49.00
30	宁夏	58.00
31	新疆	63.50
32	兵团	64.50

注：数据来源于各省（自治区、直辖市）和兵团2021年城乡交通运输一体化发展水平自评估报告。

8.5 规划及管理保障情况

8.5.1 城乡交通运输发展合理规划情况

截至2020年底，全国各地对城乡交通运输一体化发展进行了合理规划，或在县级相关规划中包含了城乡交通基础设施、城乡客运、城乡物流等方面的规划内容，并明确了推进城乡交通运输一体化发展的相关建设项目、资金、进度安排的县级行政区平均比例为86.96%。其中，北京、上海、重庆、四川、西藏 5 个省（自治区、直辖市）的所有县级行政区都对城乡交通运输发展进行了合理规划，此外，吉林、黑龙江、江苏、浙江、福建、山东、湖北、湖南、甘肃、青海、宁夏 11 个省（自治区、直辖市）对城乡交通运输发展进行合理规划的县级行政区比例高于全国平均水平。2020 年全国对城乡交通运输发展进行合理规划的县级行政区比例情况如图 8-8 和表 8-8 所示。

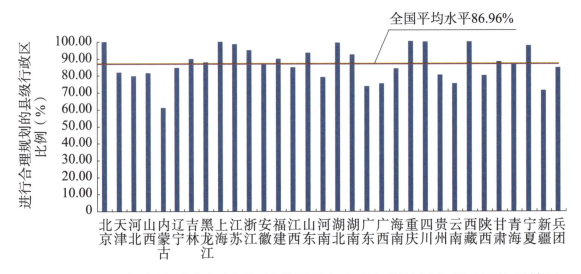

图 8-8　2020 年全国对城乡交通运输发展进行合理规划的县级行政区比例情况

2020 年全国对城乡交通运输发展进行合理规划的县级行政区比例情况　表 8-8

序号	省（自治区、直辖市）及兵团	进行合理规划的县级行政区比例（%）
1	北京	100.00
2	天津	82.00
3	河北	79.50
4	山西	81.50
5	内蒙古	61.00
6	辽宁	84.50
7	吉林	90.00
8	黑龙江	88.00
9	上海	100.00
10	江苏	98.50
11	浙江	95.00
12	安徽	86.59

续上表

序号	省（自治区、直辖市）及兵团	进行合理规划的县级行政区比例（%）
13	福建	90.00
14	江西	85.00
15	山东	93.50
16	河南	79.00
17	湖北	99.00
18	湖南	92.00
19	广东	74.00
20	广西	75.50
21	海南	84.00
22	重庆	100.00
23	四川	100.00
24	贵州	80.50
25	云南	75.00
26	西藏	100.00
27	陕西	80.00
28	甘肃	88.50
29	青海	87.00
30	宁夏	97.50
31	新疆	71.00
32	兵团	84.50

注：数据来源于各省（自治区、直辖市）和兵团2021年城乡交通运输一体化发展水平自评估报告。

8.5.2 运营主体集约化发展情况

截至2020年底，全国各地所有农村客运车辆由1家公司采用公车公营模式经营管理的县级行政区平均比例为68.3%。其中，北京、内蒙古、上海、西藏4个省（自治区、直辖市）的所有县级行政区都实现了农村客运运营主体的集约化，此外，天津、河北、山西、江苏、浙江、安徽、福建、江西、湖南、四川、云南、陕西、甘肃、新疆14个省（自治区、直辖市）和兵团的农村客运运营主体实现集约化的县级行政区比例高于全国平均水平。2020年全国农村客运运营主体实现集约化的县级行政区比例情况如图8-9和表8-9所示。

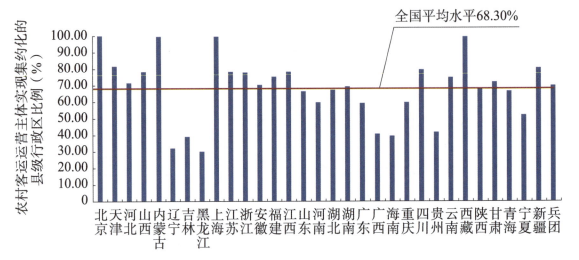

图8-9　2020年全国农村客运运营主体实现集约化的县级行政区比例情况

2020年全国农村客运运营主体实现集约化的县级行政区比例情况　表8-9

序号	省（自治区、直辖市）及兵团	农村客运运营主体实现集约化的县级行政区比例（%）
1	北京	100.00
2	天津	82.00
3	河北	71.50
4	山西	78.50
5	内蒙古	100.00
6	辽宁	32.00
7	吉林	39.00
8	黑龙江	30.00
9	上海	100.00
10	江苏	78.50
11	浙江	78.00
12	安徽	70.73
13	福建	75.50
14	江西	78.50

续上表

序号	省（自治区、直辖市）及兵团	农村客运运营主体实现集约化的县级行政区比例（%）
15	山东	66.50
16	河南	60.00
17	湖北	67.50
18	湖南	69.50
19	广东	59.50
20	广西	41.00
21	海南	39.50
22	重庆	60.00
23	四川	80.00
24	贵州	42.00
25	云南	75.00
26	西藏	100.00
27	陕西	68.50
28	甘肃	72.50
29	青海	66.50
30	宁夏	52.50
31	新疆	81.00
32	兵团	70.00

注：数据来源于各省（自治区、直辖市）和兵团2021年城乡交通运输一体化发展水平自评估报告。

专题篇

第9章　城乡交通运输一体化示范县创建工作成效

根据交通运输部等11个部门联合印发的《关于稳步推进城乡交通运输一体化提升公共服务水平的指导意见》(交运发〔2016〕184号)和《交通运输部办公厅关于开展城乡交通运输一体化建设工程有关事项的通知》(交办运〔2016〕140号)等文件部署，交通运输部于2017年组织北京市怀柔区等52个县(区、市)开展了第一批城乡交通运输一体化示范县创建工作。2020年3月，全国评比达标表彰工作协调小组办公室公布"城乡交通运输一体化示范县"纳入第一批全国创建示范活动保留项目目录。2020年7～12月，交通运输部组织开展第一批城乡交通运输一体化示范县创建工程验收工作，并组织专家赴具备验收条件的45个示范创建县进行了实地勘察，最终评选出北京市怀柔区等41个县(区、市)为城乡交通运输一体化示范县。

9.1　城乡交通运输一体化示范县创建工作取得积极成效

各示范创建县因地制宜统筹推进城乡交通基础设施的衔接和城乡交通运输服务一体化建设，完善城乡交通运输一体化工作机制和政策保障体系，城乡交通运输一体化水平大幅提升，人民群众获得感和满意度显著提高，为城乡经济社会发展提供了强有力的交通运输保障。

9.1.1　基础设施一体化建设提档升级

一是城乡交通基础路网日益完善。各示范创建县通过开展"干线公路优化工程""农村公路提质工程""桥梁及安保改造工程"等行动，大力推进农村公路提档升级、安全生命防护工程和危桥改造等工作，加强城乡交通基础设施衔接，加快推进建设外通内联的城乡交通骨干通道，强化市县乡村之间的交通联系，构建形成了以国省道为骨架，县乡两级公路为支干，村道为支线的城乡交通基础路网，有效改善了农村公路通行条件。45个示范创建县中农村公路等级率达到100%有30个，农村公路优良中等路率超过80%的有34个，为促进农村交通运输与农村经济社会的协调发展提供了坚实的基础保障。

二是城乡客货运输站场日益完善。各示范创建县加强对客运站点的升级改造和功能完善，推动道路客运场站与城市公交站点有序衔接和融合建设，全力打造客货融合发展的城乡运输站点，建立覆盖县乡村的城乡运输网络节点体系，推进城乡交通运输一体化纵深发展。依托城乡客运场站资源，探索发展"多站合一、资源共享"的综合服务站模式，提供客运、电商、物流等服务，解决了农村群众网购难、送货难、服务难等问题，极大便利了农民群众的生产生活。45个示范创建县中实现了三级以上汽车客运站与城市公交站点换乘距离小于300m、干线运输与县域内分拨配送的物流节点有效衔接的有37个，客货运输场站一体化水平显著提升。

9.1.2 客运服务一体化发展成效显著

一是均等化服务水平显著提升。各示范创建县积极适应城乡居民对交通运输服务品质需求升级的新趋势，加快构建衔接城乡、服务均等、管理规范的城乡客运服务网络，大力推行城乡公交一体化，推进公交服务向农村覆盖，城乡客运服务的覆盖深度、广度和服务水平显著提升。45个示范创建县均实现了建制村通客车率100%，城乡道路客运车辆公交化率平均值达到85.5%，极大满足了城乡居民对美好出行的向往。

二是服务模式创新发展。各示范创建县根据人口分布、地域地形特点和城乡出行需求，因地制宜、积极探索灵活多样的城乡客运可持续发展模式。通过采用全域公交、三级城乡客运网络体系、区域经营等多种运营模式，全力推进城乡客运经营的公司化、网络化、片区化发展，助推城乡客运实现一体化发展。为确保城乡客运线路"开得通、留得住"，各示范创建县创新探索开发了赶集班车、学生班车、周末班车、隔日班车、预约班车等多种城乡客运服务产品，有效满足了城乡居民多样化、个性化的出行需求。

三是安全管理水平显著提升。各示范创建县充分发挥县级政府的组织领导作用，夯实安全管理基础，强化安全生产源头管理。通过建立农村客运班线通行条件联合审核机制、实施城乡客运车辆动态监控安装全覆盖、构建多部门参与的运营动态监管机制、强化安全管理信息化手段等方式，城乡客运安全保障体系搭建逐步完善，城乡客运安全防控网络日益健全。同时，压实企业严格落实安全生产主体责任，督促企业加强安全运营管理，增强城乡客运安全生产监管水平和安全风险管控水平，切实提高城乡客运安全服务水平。

9.1.3 货运物流服务一体化加快形成

一是城乡物流节点体系不断完善。围绕"城乡统筹、以城带乡、城乡一体、客货并举"目标，各示范创建县加快推进城乡物流节点建设，充分利用城乡客货运输场站、邮政网点，以及农业、商务、供销等既有农村物流节点资源，着力打造适应当地经济社会发展的城乡物流节点体系，加快完善以县级物流中心为核心，乡镇综合服务站为枢纽，村级物流服务点为终端的城乡物流三级节点体系，构建城乡货运物流一体化发展的基础保障。45个示范创建县均实现了乡镇农村物流节点覆盖率100%，42个示范创建县实现了建制村农村物流服务覆盖率100%。各示范创建县形成县乡村三级农村物流网络，有力保障了日用品集约下乡和农产品集并进城，极大方便了农村群众的生产生活需要。

二是农村物流运作模式不断创新。各示范创建县把创新农村物流运作模式作为推动城乡货运物流一体化发展的重要突破口，创新发展农村物流与电商结合、邮商结合、客货结合、交商结合、集中配送、交邮合作等多种运输模式，构建了城乡物流综合配送网，引导农产品通过直销和配送形式实现产销对接，实现了城乡物流节点间的高效统一配送，探索形成了"县域物流＋农村电商＋智慧农业""客货两网合一""交邮共建""货运班线""城乡共同配送"等有益的发展经验，开辟了交通运输推进农村物流发展的新渠道，畅通了农村"最后一公里"双向流通通道，城乡上、下行物流效率显著提升。

三是行业融合发展助推农村交通运输资源整合。各示范创建县积极推进交通运输与邮政、快递、电商、旅游行业融合，通过资源整合、优势互补、共建共享，推动商贸流通、交通运输、邮政快递和第三方物流企业向农村延伸服务网络，打造具备邮政、快递、电商、商超、信息和便民服务为一体的村级城乡物流"终端"，为"工业品下乡""农产品进城""电商扶贫""快递下乡"提供了有力支撑，农资、农副产品流通更顺畅便捷，有力促进了城乡之间人流、物流、信息流、资金流的互联互通。

9.1.4 城乡一体化发展环境持续优化

一是城乡客运集约化经营水平显著提升。各示范创建县加快整合城乡客运资源，鼓励引导骨干龙头客运企业整合分散的农村客运经营主体，加快推进城乡客运规模化经营和公司化、集约化运作，规范城乡客运经营服务行为，提升服务品质。45个示范创建县中，实现农村客运"一县一公司""公车公营"模式管理的有34个，农村客运经营主体"多、小、散、乱、弱"的局面得以显著改善。

二是规划引领提升城乡运输服务软实力。各示范创建县立足补齐运输服务发展短板、全面提高交通运输发展水平的角度，进一步加强对城乡交通运输一体化发展的统筹规划，充分重视城乡运输服务的一体化发展。45个示范创建县中，34个制定了城乡交通一体化发展规划，规划覆盖了农村公路建设、城乡客运一体化、城乡物流网络建设等方面，提出了具体的建设项目、资金及进度安排，明确了发展目标、发展路径，并与相关上位规划充分对接形成发展合力，全面提升了城乡交通运输一体化软实力水平。

三是发展政策保障体系进一步健全。各示范创建县党委、政府高度重视创建工作，加强了组织领导，形成了政府牵头、多部门共同参与的城乡交通运输一体化良性发展格局。45个示范创建县均成立了县级领导牵头、多部门共同组成的城乡交通运输一体化工作领导小组推进相关工作，并都从县级层面强化了政策扶持和资金保障，为城乡交通运输一体化发展注入了强劲动力。

9.2 第一批城乡交通运输一体化示范县典型经验做法

在推进城乡交通运输一体化工作实践过程中，各地结合当地实际，积极主动作为，通过统筹规划、政策引导、组织协调、示范引领，不断提升服务水平、创新服务模式、优化发展环境，在强化组织保障、客货邮融合发展、城乡客运发展长效机制建立、三级农村物流体系建设、试点示范引领、带动产业发展服务脱贫攻坚等方面，形成了一批具有复制推广意义的特色经验。

9.2.1 党委政府高度重视，强化组织保障

城乡交通运输一体化具有很强的社会公益属性，需要发挥政府引导作用，充分调动各方积极性。示范县创建实践表明，地方党委、政府重视程度越高，积极性越强，城乡交通运输一体化发展质量就越高。山西省平顺县委、县政府充分发挥政府主导、机制引导、精神传导、创新向导的"四个导向"作用，成立了由县长为组长，分管副县长为副组长，县财政、发改、交通等20多个单位及各乡镇人民政府乡镇长参与的领导小组，将部门行为上升为政府行动，为平顺县推进城乡交通运输一体化发展创造了良好的环境。河北省平泉市政府将推进城乡交通运输一体化发展工作经费列入财政预算，建立了稳定增长机制，盘活统筹资金重点支持创建工作。江西省德兴市委市政府将推进城乡交通运输

一体化发展工作上升为"民生工程",制定下发了《城乡交通运输一体化示范区建设实施方案》,细化创建任务,明确职责分工,落实工作责任,将相关工作任务纳入部门年度绩效考核和综合评价。

9.2.2 统筹客货邮融合发展,强化整合资源

各示范创建县以资源共享为核心,整合交通、邮政、电商、商贸等资源,将城乡客运网络和物流配送网络有机结合,在探索客货邮统筹发展、资源共享等方面开展了很好的探索实践。安徽省广德市按照多站合一的方式,在全市每个乡镇建设集公交客运、快递物流、交管站等功能于一体的交通综合服务站,实现资源共享。同时,政府积极引导城乡公交公司与多家快递物流公司合作,利用城乡公交一体化的三级服务网络,按照"县级中转、乡镇级分拨、村级配送"的原则,推行"快递坐公交"模式,让快递"坐上"城乡公交、镇村公交,送至建制村物流点,降低了物流末端配送成本,提高了快递物流配送效率,也打通了农村物流"最后一公里"。截至2020年底,广德市已在6个乡镇推行"快递坐公交"模式,日均运输快递3000余件。黑龙江省富裕县借助黑龙江省发展电子商务进农村的有利机遇,坚持"电商先行、客货并举、上下双行、多点整合、多方受益"的原则,积极探索"县域物流+农村电商+智慧农业"发展新模式。依托现有客运系统资源,由县客运站牵头成立富裕县客运城乡物流有限公司,将现有客运班车组成运力网络,以县客运总站为中心,8个乡镇客运站为二级业务站点,在101家村级电商服务站建立了物流站,形成县、乡、村三级客运农村物流体系,实现了村村通达、当天送达的农村物流全覆盖。客运站利用现有库房,投资建设县级物流分拣中心,出台优惠政策吸引快递企业、农村电商企业入驻,免费提供仓储、办公用房、网络接入等必要设施,客运站以服务外包形式,承包入驻企业的货物城乡短途运输业务,消除了农村电商物流配送"最后一公里"的制约,为电商进农村奠定了坚实的基础。甘肃省皋兰

县按照"客货同网，资源共享"的原则，整合客运、物流、商贸、电商、邮政等资源，通过"通村村"App连接大数据网络，实现人、车、货、站、线等要素的精准匹配，以信息化、数字化的客运物流管理打造"城乡一体+客货同网"服务品牌，实现了"小件物流服务、公交动态查询"功能补充，既加强了公交客运信息、货物运输配送全过程的监控与追踪，又为电商下乡、农产品进城提供了基础保障。

9.2.3 建立城乡客运长效机制，强化资金保障

各示范创建县不断完善城乡客运发展资金保障机制，在探索城乡客运成本规制、建立城乡客运财政补贴机制、特许经营实现经营主体集约化等方面，形成了特色典型经验。河南省上蔡县制定了农村客运成本规制及财政补贴补偿办法，建立了规范的财政补贴体系并实行专项补贴机制，将补贴资金纳入政府年度财政预算，确保了城乡客运行业的健康可持续发展。安徽省舒城县积极探索镇村公交网络建设，按照"县乡合办、乡镇为主"的模式，县级政府负责统一提供镇村公交车辆，乡镇政府成立镇村公交公司负责国有化运营。镇村公交线路由县政府牵头开展风险评估，统一规划审批，设置镇镇连接线和镇村循环线，同步执行1元票价，运营亏损由县乡镇财政补贴，县财政按照每个场站建设补贴50万元，每台镇村公交车辆每年分区域按6万~7万元标准予以补贴。海南省东方市采用公交特许经营方式开展城乡公交客运一体化改革工作，公开招投标优选一家特许经营主体，全面负责城乡公交客运主体整合、场站建设、车辆购置、线路开通以及智能公交系统建设等工作，实现了城乡客运集约化、公司化经营。

9.2.4 完善城乡物流体系建设，强化协同推进

各示范创建县在搭建县乡村三级农村物流节点体系方面进行了很好的探

索。黑龙江省穆棱市探索实践打造高效便捷的县乡村三级农村物流网络，按照"集约集中、无缝衔接"的思路，在市县建设交邮合作枢纽；按照盘活存量、优化增量的思路，在乡镇整合闲置场站资源打造物流节点；通过整合社会资源，在村里建设交邮合作综合服务站，填补末端服务空白点。浙江省临安区创新"报刊发行+农村物流"发展模式，引导杭州日报和民企跨界协作，搭建"城乡通"三级配送体系，将全区270个行政村和36个社区连接成了一张全覆盖、高时效的区域物流网络。云南省昌宁县通过多元融合发展，完善基层物流网络，依托建制村100%通班车、通邮，客运站100%开通小件寄存、货物托运，具备条件的乡镇、建制村快递服务网点100%覆盖，乡镇和建制村电子商务服务点100%覆盖等基础，深化与菜鸟物流合作，构建了"1+13+N"（1个县级电子商务服务中心、13个乡镇级服务站、N个村级服务点）的县乡村三级电商服务网络，解决了群众农产品销售难、市场信息不对称等问题，有效带动了优势资源提质增效。

9.2.5 开展省级试点示范，强化典型引领

为加快推进城乡交通运输一体化，山西、安徽、河南、湖南等地开展了省级试点示范建设，建立了奖励制度，加大对城乡交通运输一体化发展的资金支持力度，推动了全省城乡交通运输一体化工作上台阶，有效推动了城乡交通运输一体化发展进入良性循环。山西省开展了"城乡交通运输服务一体化示范县"建设试点工作，给予每个示范县500万元的专项补助资金，用于农村客运车辆安全监管系统建设维护以及农村客运量不足线路的营运亏损补贴。安徽省为加快推进城乡道路客运一体化发展，充分发挥先进典型的示范引领作用，开展了"城乡道路客运一体化示范县"建设工程，对城乡道路客运一体化示范县由省级统筹资金每年补助资金500万元，分3年给予，共计补贴1500万元。河南省为实现所有具备条件的建制村通客车，打造以"公交化运营+班线客运"为

主、以定制客运为辅、以"预约班"为补充的村村通客车"升级版",开展了"万村通客车提质工程"第一批示范县创建,对75个示范县(市、区)补助资金3.75亿元,有力改善了城乡客运服务品质。湖南省以"一县一公司、公车公营、统筹规划、乡村全通、价格惠民"为原则,开展了"城乡客运一体化示范县"创建工作,截至2020年底,已累计补助3.37亿元用于28个示范县创建。

9.2.6 "交通+"夯实发展基础,服务脱贫攻坚

各示范创建县充分发挥交通运输在带动产业经济发展、服务脱贫攻坚等方面的积极作用,着力打造"交通+特色农业""交通+电商""交通+文化+旅游"等发展模式,激活了当地经济发展的内生动力。山西省平定县通过旅游公路和旅游公交的建设,把县域内主要旅游景区、50个骨干村、34个传统古村落和42个贫困村全部串联了起来,形成以娘子关为核心的6个3A级以上旅游景区全覆盖,年旅游总收入达到10亿元。吉林省通化县实施"快递+特色农产品"工程,引导快递企业到农产品种植基地开展上门服务,科学指导冷链运输等工作,为青美农蓝莓种植基地、禾韵蓝莓种植基地及人参等农产品销售企业的产品上行提供配送保障,架起当地特色农业和快递企业合作的桥梁。安徽省舒城县通过布局村级电商站点、发挥邮乐农品网、顺丰优选等平台作用,完善农村物流网络,着力解决"工业品下乡""农产品进城"最后一公里的问题,茶叶、油茶、山野菜、家禽等农产品通过公交物流一体化和电商平台就可以远销全国各地,充分帮助了当地农特产品外销,提高了当地百姓收入,在积极助力脱贫攻坚工作中发挥了突出作用。

第 10 章　具备条件的乡镇和建制村通客车全面实现

2020 年是决胜全面建成小康社会、决战脱贫攻坚的关键之年，交通运输行业以人民为中心，凝心聚力、攻坚克难，全面完成了具备条件的乡镇和建制村通客车脱贫攻坚兜底任务，全力推动农村客运发展取得新突破，为打赢脱贫攻坚战提供了坚强有力的运输服务保障。

10.1　具备条件的乡镇和建制村通客车工作推进情况

10.1.1　全面部署工作，加强督促指导

国家层面明确目标任务。交通运输部于 2020 年 3 月印发《关于全力推进乡镇和建制村通客车工作确保完成交通运输脱贫攻坚兜底任务的通知》（交运函〔2020〕206 号），明确在 2020 年 9 月底前完成全国剩余具备条件的 29 个乡镇和 1146 个建制村的通客车任务；指导各地因地制宜优化农村客运运营模式，切实提升农村客运安全运营水平，完善农村客运发展扶持政策；明确预约响应式农村客运服务参考标准，确保高质量完成脱贫攻坚兜底任务。

各地紧盯目标狠抓落实。2020 年，山西、江西、山东、广西、重庆、四川、云南、西藏 8 个尚有具备条件的乡镇和建制村未通客车的省（自治区、直辖市），都将完成剩余通客车任务作为 2020 年工作的重中之重，针对未通客车村（乡）实行对账销号，实施"一村（乡）一策"，因地制宜采取公交、班线、区域经营、预约响应等多种形式，全力推进通客车工作。广西壮族自治区交通运输厅印发《关于下达 2020 年建制村通客车工作任务的通知》（桂交运管函〔2020〕123 号）逐级分解任务，确保按时完成通客车工作；四川省交通运输厅道路运输管理局

印发《关于明确乡镇和建制村通客车若干问题的通知》（川运函〔2020〕64号），明确乡镇和建制村通客车有关标准和要求，为高质量完成通客车工作提供坚实保障。

10.1.2 加强支持保障，营造良好环境

用好中央油补资金。国家层面，交通运输部会同财政部及时发放农村客运油价补助、开展年度行业发展成效考核，充分发挥中央财政资金对农村客运行业发展的支撑和引导作用，保障农村客运行业持续健康稳定运行。地方层面，各省（自治区、直辖市）充分发挥调整后油价补助资金的统筹优势，均出台了农村客运油补资金使用细则，为完成通客车兜底任务提供有力保障。如广西、云南等省（自治区、直辖市）将油价补助中退坡资金用于新增建制村通客车补助，引导经营者扩展农村客运服务范围；山西、西藏等省（自治区、直辖市）用农村客运运营补贴，支持贫困地区农村线路运营，有效缓解农村客运企业运营成本压力。

落实政府主体责任。30个省（自治区、直辖市）将通客车工作纳入政府绩效考核体系。26个省（自治区、直辖市）建立了农村客运运营补贴机制，203个地级行政区、1569个涉农县级行政区（分别占比61%、58%）制定了农村客运运营或农村客运场站建设等相关补贴政策。重庆、西藏、陕西等地省级财政对农村客运车辆运营、车辆购置、通村客运稳定运行等给予补助。

10.1.3 完善政策体系，提供法治保障

交通运输部于2020年7月修订印发了《道路旅客运输及客运站管理规定》（交通运输部令2020年第17号），从部门规章的层面明确提出"农村道路客运具有公益属性"。从法规层面推动农村客运逐步由行业行为向政府行为转变。在法规依据下，各地政府积极通过政府购买服务、建立运营补助机制等方式，

保障具备条件的乡镇和建制村开通农村客运并可持续运营，充分发挥农村客运的公益属性，为农村居民出行提供普遍服务。

鼓励增加农村客运适用车型。交通运输部针对农村客运适用车型不足的问题，发布《〈营运客车类型划分及等级评定〉行业标准第1号修改单》（JT/T 325—2018/XG1—2020），增加乘用车普通级，在满足车辆安全性前提下降低购置成本，适应偏远贫困地区尤其是客流需求不足地区的农村客运发展需求。四川省通过实施"金通工程"，探索开发适用乡村运输"客货兼容、空间可变"的车型。

10.1.4 总结典型模式，加强经验推广

出版案例集宣传先进经验。为充分发挥典型区县的示范带动和引领作用，系统梳理总结各地在推进农村客运健康可持续发展的经典做法，交通运输部运输服务司组织部科学研究院编制了包含20个不同省（自治区、直辖市）典型区县好做法的《全国农村客运发展典型案例集》，宣传推广全域公交、城乡融合、运游结合、客货并举、"互联网＋农村客运"等先进经验，推动行业创新发展思路、补齐发展短板、提升服务水平。

在行业会议中推广交流。各级交通运输主管部门将建制村通客车工作作为重点内容，在各类会议和活动中进行经验推广交流，对通客车工作进行再部署，进一步统一各方思想、凝聚各方智慧，确保如期高质量完成通客车任务。

10.2 乡镇和建制村通客车工作成果显著

10.2.1 客运网络不断完善

2020年8月底，全国全面实现具备条件的乡镇和建制村通客车。各地加快农村客运网络构建、丰富农村客运运营形式、完善城乡运输场站功能、加大农

村客运扶持力度，持续提高城乡客运网络的覆盖广度、深度和服务水平，形成了以县城为中心、乡镇为节点、建制村为网点，遍布农村、连接城乡、纵横交错的农村客运网络，农民群众"出门水泥路、抬脚上客车"的梦想成为现实。

10.2.2 服务水平显著提升

各地结合当地实际，根据出行需求、通行条件、财政保障等条件，加快推进农村客运供给侧结构性改革，因地制宜选择农村客运运营模式。城镇化水平较高、人口集中的地区，采用城市公交延伸、班线客运公交化改造等模式改善农民群众出行服务质量。北京、上海、山东等省（自治区、直辖市）农村客运公交化率已超过80%。贵州、福建等省积极加快"互联网+"与农村客运融合发展，建立农村客运服务平台，为乘客提供车辆位置实时查询、约车包车、定制客运等综合服务。

10.2.3 安全水平明显提高

农村客运安全监控终端普及率不断提高，全国大部分农村客运车辆安装动态监控终端，浙江、陕西等部分省动态监控终端安装率已达到100%，农村客运安全监管技术条件有效提升。各地不断建立健全公安、交通、应急管理等部门共同参与的农村客运安全监管工作机制，积极推进农村客运班线安全通行条件联合审核，为农村客运安全保驾护航。

10.2.4 群众满意度普遍较高

各地通过张贴公示、发放宣传单、干部上门介绍、微信网络宣传等方式向农村群众广泛宣传农村客运开通情况，使群众熟悉农村客运服务的获取方式和服务内容。通过组织7.86万人次网络调查和3481人次实地问卷调查，了解群众对农村客运的满意度。调查结果显示，非常满意、满意、基本满意和不满意的比例分别为59.81%、19.82%、12.05%、8.32%，总体满意度达到91.68%；江苏、山东、河南、江西、新疆等省（自治区、直辖市）非常满意比例超过 67%。

10.3 农村客运发展典型经验做法

10.3.1 强化绩效考核，突出属地责任

农村客运具有公益属性，为保证农村客运"开得通、留得住"，需要地方政府高度重视农村客运工作，将具备条件的乡镇和建制村通客车工作作为脱贫攻坚任务和重点民生工程来抓，切实突出属地政府责任。天津、内蒙古、山东、湖北、广西、贵州、青海等省（自治区、直辖市）将通客车工作纳入市县领导班子绩效考评体系。江苏将行政村客运班线通达率实现 100% 纳入江苏全面建成小康社会指标体系，将 2020 年基本实现镇村公交开通率 100% 列入公共服务清单，制定出台《江苏省农村公路条例》，明确县（市、区）人民政府应当保障行政村开通镇村公交，为村民提供普遍服务。海南省将乡镇和建制村通客车工作纳入省政府工作报告、省政府对市县政府的绩效考核体系、省纪委监委驻交通运输厅派驻组督查督办工作内容，通过督导、约谈等方式督促落后市县加快通客车进度。

10.3.2 创新运营模式，因地制宜发展

鉴于我国各地经济发展水平、道路通行条件、客流需求等条件均不相同，东中西部发展水平差异较大，因此各地结合自身条件构建了公交、班线、区域经营、预约响应等多层次农村客运服务体系。北京、天津、上海、江苏、浙江、山东等省（自治区、直辖市）大部分地区实现了全域公交，长三角地区开通 60 余条省际毗邻地区公交化运营客运班线，更好地满足了连片地区农村群众便捷出行需要。海南省五指山市针对 14 个偏远的建制村开通微公交，在开行固定班车的同时提供电话预约叫车服务，方便群众临时、紧急用车。浙江省长兴县

将各乡镇特色景点纳入城乡公交线路关键节点布局，打造以"冬梅""夏荷""春绿""秋黄"景观为主题的四季精品旅游线，带动农村居民收入增加。福建省宁德市蕉城区、湖北省竹山县聘请农村客运驾驶员兼任"四好农村路"专管员，协助做好道路巡察，推动"建管养运"协调发展。

10.3.3 各级同频共振，强化资金扶持

作为成品油价格形成机制改革的重要配套政策和保障措施，中央农村客运油价补贴资金对促进行业发展、增加从业者收入、维护行业稳定发挥了重要作用，各地积极用好补贴资金，促进农村客运行业健康、稳定、可持续发展。一是将中央油补退坡资金向贫困地区倾斜。广东省将农村客运、出租汽车油补退坡资金总额的30%用于支持除珠三角地区城市以外经济基础相对差的地区。新疆维吾尔自治区和新疆生产建设兵团将油补退坡资金优先用于偏远地区、建制村间（连队间）农村客运发展。二是省级财政加大农村客运发展支持力度。重庆市县两级按1:1配套给予农村客运车辆每天每座3元补贴，对18个深度贫困乡镇补贴标准提高到每天每座5元，累计发放农村客运运营补贴3.7亿元。西藏自治区出台农村客运补贴实施细则，对购置新车给予购车款20%的一次性补贴；对购车贷款利息、承运人责任险、场站运营和车辆运营补贴，由自治区、地市、县（区）按照6:3:1的比例分级负担。三是市县财政加大农村客运兜底保障。安徽省芜湖市对全市农村公交实行市、区两级政府补贴机制，县政府对农村公交车辆购置和场站建设全额投资，市、县两级对运营亏损分别补助50%。安徽省舒城县、河南省潢川县每年从财政收入专门列支对农村客运运营进行补贴。

10.3.4 强化科技应用，提升信息化水平

各地不断强化信息化手段在农村客运领域的应用，有力提升农村服务质量和安全水平。贵州省建立"通村村"信息平台，提供电话或App预约叫车服务。

甘肃省开发省级农村客运服务平台，提供农村客运线路、车辆等信息查询和服务评价。福建省宁德市通过乡村通出行手机App共享县级电商、物流、小件快递信息，农村客运车辆可捎带运输小件快递并收取一定服务费，助力农村物流配送的同时促进农村客运增收。宁夏回族自治区隆德县、原州区推广区内自主开发的农村客运预约软件"全微通"，在部分建制村设立"全微通"农村服务站，乘客对着摄像头说出目的地，平台即可安排车辆提供服务，方便群众特别是老年人预约乘车。

第 11 章　创建推广农村物流服务品牌

为深入贯彻落实党中央、国务院关于实施乡村振兴战略、推进脱贫攻坚的决策部署，按照交通运输部、国家邮政局、中国邮政集团公司联合印发的《关于深化交通运输与邮政快递融合推进农村物流高质量发展的意见》（交运发〔2019〕107号）要求，进一步深化交邮融合，引领农村物流高质量发展，交通运输部组织开展农村物流服务品牌推广工作。通过持续开展此项工作，在全国范围内着力打造一批网络覆盖健全、资源整合高效、运营服务规范、产业支撑明显的农村物流服务品牌，引导培育一批市场竞争能力强、服务品牌知名度高、引领带动作用好的龙头骨干企业，推动建设一批精品线路、精品站点、精品项目，总结形成一批可复制、可推广的经验，推进农村物流发展的体制机制更加顺畅，市场环境不断优化，产业融合、脱贫攻坚支撑能力显著增强，市场主体活力进一步释放，充分发挥品牌引领带动作用，推动构建模式创新、运营高效、安全绿色的农村物流服务新体系。

11.1 持续开展农村物流服务品牌创建推广工作

11.1.1 持续开展农村物流服务品牌申报评选工作

2019年9月，交通运输部办公厅印发《关于深化交邮融合推广农村物流服务品牌的通知》（交办运函〔2019〕1359号），提出组织开展农村物流服务品牌推广工作的总体要求，明确培育的主要服务模式，确定申报的基本条件和组织实施方案。2020年6月，交通运输部办公厅印发《关于公布首批农村物流服务品牌并组织开展第二批农村物流服务品牌申报工作的通知》（交办运函

〔2020〕838号），正式公布河北省隆尧县"电子商务 + 特色农业"等 25 个项目为首批农村物流服务品牌，并指导地方各级交通运输主管部门进一步总结农村物流服务品牌项目的经验做法，通过电视、报刊、广播、互联网等渠道，切实做好宣传推广与品牌培树工作，同时启动了第二批农村物流服务品牌申报工作。

11.1.2 积极开展农村物流服务品牌宣传推广工作

为扩大农村物流服务品牌影响力，加快农村物流行业发展，交通运输部组织编撰了《首批农村物流服务品牌典型经验》和《农村物流发展典型案例集》，系统梳理了 25 个首批农村物流服务品牌项目的典型经验和 20 个农村物流企业典型案例，总结经验模式和典型做法，推广农村物流工作新理念、发展新经验、服务新模式。通过品牌宣传推广，引导广大农村物流经营者学先进、提品质、树品牌，指导全国各地包括贫困地区加大资源整合力度，创新运营服务模式，便利城乡间物资运输，全面提升农村物流服务质量和发展水平，以农村物流支撑带动农业和产业发展，助力产业脱贫、精准扶贫。

11.2 农村物流发展典型经验做法

11.2.1 加强政策保障，提高网络覆盖度

目前，我国农村物流发展基础较为薄弱，物流站场设施覆盖率较低，县、乡、村三级农村物流服务体系有待完善，"货难到、效益差、不持续"的问题普遍存在。各地通过科学规划对症下药，在加快建设农村物流基础设施"补短板"的同时，进一步提高既有资源利用率"强弱项"，提高农村物流网络覆盖度。湖北省十堰市先后出台《十堰市物流业发展规划》《十堰市促进农产品流通工作的意见》《十堰市农村物流融合发展"十三五"总体推进方案》等整体规划

和相关政策，以及《十堰市物流园区土地利用办法》《十堰市重点物流园区扶持政策》等配套文件，加速农村物流网络构建，兴建综合物流园区4个，改建农村综合交通物流服务站62个，引导社会资金建设乡镇物流综合服务站点200余个，建设村级服务网点1800余个，农村物流网络覆盖度大幅提升。

11.2.2 促进融合发展，提高资源整合度

我国交通、邮政、供销、商务、农业等部门在农村物流相关资源投入仍存在各自为政的现象，缺乏统筹规划，农村物流与农村电商、邮政快递、特色农业等融合不充分。为进一步促进融合发展，各地积极落实《关于深化交通运输与邮政快递融合推进农村物流高质量发展的意见》（交运发〔2019〕107号）的有关部署，建立县级人民政府统筹协调工作机制，统筹利用各部门支持政策，促进各方资源整合、优势互补、融合发展，推动市场主体深入合作，提高农村物流资源整合度，推动农村物流高质量发展。黑龙江省穆棱市依托当地交通运输和邮政等骨干企业，通过相互开放场站及运力资源加快整合利用，通过成立市政府交邮融合领导小组理顺协同工作机制，打造出了一个"交邮融合、产业联动、资源共享"的农村物流新品牌。河南省鹤壁市积极引导企业整合加工、仓储、运输、贸易、信息、金融服务等多类企业，打造物流服务平台和信息交互平台，建立集电子商务、物流配送、专业仓储于一体的产业园区，依托县乡村三级物流体系、电商平台、智慧软件，拓展一系列增值服务，有效提升了工业品下乡、农产品进城的效率和效益。

11.2.3 创新运营模式，提高服务适应度

各地以创建农村物流服务品牌为突破点，创新农村物流运营模式，打造了"多站合一+客货同网""交邮供销融合发展""商农公网+统仓统配""特色农业+电商快递"等模式，着力破解农村物流运营模式单一难题。江苏省如

皋市将现有交通管理所改造为快递、邮政和镇村公交共享的综合服务站，依托现有的镇村公交线路，将邮政包裹等通过镇村公交线路配送至乡镇、村级网点，实现对如皋市以及周边地区超过 3000 家商超共同配送，每件快递配送成本从 1 元降低至 0.8 元，提高了农村物流网络覆盖度。浙江省绍兴市柯桥区以农村物流为载体，推动快递、电商与农村商贸融合发展，通过设施设备资源共享，构建"新供销"城乡商贸流通服务体系，由"新供销"负责三级配送仓储体系建设、网点管理运营、快递资源整合、快递配送业务，实现同仓、同车、同网、同配，资源集合程度提高了 3 倍以上，人员成本节省 40% 以上，配送效率提升 2 倍，利润增加 35% 左右。

11.2.4　助推信息衔接，提高产业支撑度

为应对农村物流规模不够、较为分散、农产品供需匹配失衡等问题，各地农村物流行业大力提升信息化、智能化水平，加强物联网、大数据等现代物流信息化技术在农村物流中的应用，及时采集、整理、分析农村物流有关信息，实现农产品供需双方的有效对接和物流供应链快速匹配，提高了农村物流效率。福建省武平县大力建设综合物流信息平台，促进交通运输和邮政快递融合发展，在原客运站站务系统的基础上，研发县、乡、村三级物流信息系统，开发"乡村运达 App"和微信公众号，打通农产品流通通道，实现物资双向流通当日达，物流效率大幅提升。浙江省杭州市临安区量身开发了由仓储管理、订单管理、运输管理、分拣等功能模块组成的信息管理系统，实现 PC 端、手机 App、微信等多终端的点对点应用，提高人员、货物、网点、车辆的协同优化和智能调度。客户可通过拨打服务专线或在微信小程序上直接下单，后台自动将客户需求信息发送到该服务区域的配送人员手机上，实现第一时间"点对点"的上门服务。通过该系统，单件物流可节省时间 50% 以上。使用微信小程序和关注公众号的人数已达 4 万多人，通过微信下单的订单 6 万多件。

第 12 章　抗击新冠肺炎疫情

2020 年，面对突如其来的新冠肺炎疫情，城乡交通运输行业认真落实党中央、国务院、交通运输部和各级交通运输管理部门部署要求，坚持"一断三不断"（坚决阻断病毒传播渠道、保障公路交通网络不断、应急运输绿色通道不断、必要的生产生活物资运输通道不断），统筹做好各项疫情防控工作，为打赢疫情防控阻击战、维护经济社会正常秩序提供了坚强有力的运输服务保障。

12.1　城乡交通运输行业统筹做好新冠肺炎疫情防控工作

12.1.1　减少人员流动，落实防控措施

为引导公众自愿减少春节前出行和顺应春节假期调整需要，交通运输部多次发布公告，对部分时段道路水路客运班线客票实行免费退票。其中，道路客运累计免费退票约 3000 万人次。各地农村客运经营者积极落实交通运输部统一工作部署，按照当地疫情联防联控机制机构的要求，积极承担社会责任，处理好社会效益和经济效益之间的关系，不打折扣坚决执行政府暂停运营的要求。2020 年春运期间，农村客运行业生产经营几乎停止。春运后半程全国道路客运旅客发送量同比 2019 年下降超过 85%。截至 2020 年 2 月 18 日春运结束，春运期间全国道路共发送旅客 1179 万人次，同比 2019 年下降 76.9%。逐步恢复运行后，由于各地企业停产和学校假期一再延长，短期内未产生成规模的农民工及农村学生等主力客流，农村居民也留在家中极少外出，造成农村客运客流量大幅下降。

12.1.2 成立物流专班，保障应急运输

为有效保障疫情期间防疫物资运输和群众的基本需求，交通运输部会同公安部等6部门成立物流保障办公室，7×24小时实体化运转，统筹调度疫情防控应急物资运输。在全国范围内公布299个应急运输和保通保畅电话，实行"一事一协调、一事一处理"，确保需求及时响应、问题及时解决、物资及时送达。交通运输部印发系列通知，保障防疫物资和重要生活生产物资运输车辆"三不一优先"，优先保障重点防疫物资和电煤、油品、液化石油气、粮食、矿石、集装箱等重要生产生活物资运输通畅。疫情严重期间，在特殊防控的情况下，全国许多村庄进行封闭管理，加大了物流运送的难度，各大物流快递业都停止了配送，许多日常与农户合作的物流公司在疫情期间复工时间推迟，全国各地农户所销农产品的滞销问题严重。山东等地积极主动指导农产品生产企业与重点商贸流通企业对接，开辟"绿色通道"，确保"菜篮子"产品产得出、运得走、供得上。同时，构建产业链一体化的农村物流运作体系，支撑农产品网上销售，有效缓解了疫情时期农产品滞销问题。

12.1.3 有序恢复服务，分区分级防控

2020年1月25日，交通运输部下发《关于坚决遏制通过客车传播疫情的紧急通知》（交运明电〔2020〕28号），部署道路客运行业运输企业制定完善应急预案、落实乘客测温及信息登记、发热乘客移交留验，并督促经营者做好落实。2月17日，国务院联防联控机制印发通知要求各地根据人口、发病情况综合研判，科学划分高、中、低疫情风险等级，明确分级分类防控策略。2月27日，交通运输部下发通知部署各地分区分级做好疫情防控期间城乡道路运输服务保障工作。3月1日，交通运输部发布《客运场站和交通运输工具新冠肺炎疫情分区分级防控指南》，对道路客运等领域分区分级细化消毒、通风、运输组织、人员防护、宣传等要求，并根据疫情形势变化对指南有关内容进行了

更新，持续提升指南科学性、可操作性。各地农村客运在恢复运营后，严格落实各项文件要求，做好客运场站和交通运输工具消毒、通风、卫生清洁工作，进行乘客体温检测等工作，并及时做好信息登记，做好信息溯源准备。同时，购置口罩、消毒用品等疫情防控用品，加强交通运输一线从业人员自身的防护，避免交叉感染。

12.2 城乡交通运输行业应对新冠肺炎疫情典型做法

12.2.1 "点对点"精心保障农民工返岗复工

交通运输部印发《关于全力做好农民工返岗运输服务保障工作的通知》（交运明电〔2020〕56号），联合人力资源社会保障部、公安部、国家卫生健康委、国家铁路集团建立农民工返岗复工"点对点"服务协作机制，共同印发《关于做好农民工返岗复工"点对点"服务保障工作的通知》（人社部明电〔2020〕4号）等系列文件，健全"四位一体"协同服务机制和"点对点"运输制度，切实保障农民工安全有序返岗复工。四川省交通运输部门会同人力资源社会保障部门开展了农民工返岗"春风行动"，聚焦返岗信息收集、行前健康服务、提前对接协调、细化运输方案、优化运输组织、强化全程管控、严格信息登记、开展惠民行动、提供温馨服务等环节，组织开展"点对点、一站式"运输，让农民工"出门进车门，下车进厂门"，将农民工安全有序送达全国250个地级市以及省内用工目的地，累计发送农民工包车3.3万趟次、运送农民工68万人。

12.2.2 打通城乡末端物资配送"最后一公里"

交通运输部、国家邮政局、中国邮政集团公司联合印发《关于做好疫情防控期间邮政快递寄递服务保障的紧急通知》（交运明电〔2020〕68号），部署各地保障邮政快递车辆优先便捷通行，根据分区分级疫情防控总体部署，出台保障末端投递相关政策，努力满足人民群众正常寄递服务需求。指导各地优化货车进城通行管理，便捷城市物流配送，减少限行区域，缩短限行时间，延长进城期限，287个地市允许所有货车免办通行证直接通行。福建省漳州市积极引导邮政、顺丰等物流快递企业加快战"疫"助农服务、末端配送网点等设施建设，减免物流运输费用，简化绿色通行证办理手续，严格落实农产品运输车辆便捷通行措施；积极发挥县乡村三级物流配送体系优势，进一步扩大电子商务进农村覆盖面，大力推动以休闲食品、农产品和洗浴日化品为主的网络营销，有效畅通了农产品线上销售渠道。

12.2.3　全力保障春耕农资等重点物资运输

交通运输部紧紧围绕支撑春耕备耕，全力组织做好春耕化肥、春季农业生产物资运输服务保障工作，会同农业农村部下发《关于认真贯彻落实习近平总书记重要指示精神全力做好春季农业生产物资运输服务保障的紧急通知》（交运明电〔2020〕77号），指导各地交通运输部门和农业农村部门加强对接，做好化肥、农药、种子、农机具等物资的运输保障，全力支撑春耕备耕。落实大宗货物运输运量互保协议，加快发展集装箱多式联运，保障电煤、矿石、钢材等重点物资运输。黑龙江省交通运输厅积极与农业农村部门对接，建立联合工作机制，指定专人负责推进落实，全力做好春季农业生产物资运输保障工作，黑龙江省各级交通运输部门配合当地农业农村部门，全力解决省内铁路积压化肥、种子等农业生产资料、农耕机具等公路短途运输等问题，有效保障了春耕工作顺利进行。

附录1　城乡交通运输一体化发展指标体系

城乡交通运输一体化发展指标体系见附表 1-1。

城乡交通运输一体化发展指标体系　　　　附表 1-1

指标类别	序号	指标名称	分值
基础设施一体化发展水平	1	农村公路等级率	4
	2	城市建成区路网密度和道路面积率达标率	4
	3	客货运输场站一体化水平	4
	4	农村公路列养率	3
	5	优良中等路率	3
客运服务一体化发展水平	6	建制村通客车率	10
	7	城市建成区公交站点500米覆盖率	5
	8	城乡道路客运车辆公交化率	5
	9	城乡道路客运车辆交通责任事故万车死亡率	4
	10	城乡客运信息化水平	6
货运物流服务一体化发展水平	11	建制村农村物流服务覆盖率	10
	12	乡镇农村物流节点覆盖率	8
	13	运输站场综合利用率	6
城乡交通运输一体化发展环境	14	组织保障情况	8
	15	安全保障情况	6
	16	经费保障情况	4
	17	跨业融合情况	6
	18	规划及管理保障情况	4
加分项	19	贫困县建制村通客车进展情况	3
	20	经验宣传推广情况	2

附录2　城乡交通运输一体化发展指标计算方法

一、指标内容及计算方法

（一）基础设施一体化发展水平

1. 农村公路等级率

（1）指标内容

行政区域内农村公路中四级及以上等级公路占农村公路总里程的比例。

（2）计算方法

$$农村公路等级率 = \frac{农村公路中四级及以上等级公路里程}{农村公路总里程} \times 100\% \quad （附2-1）$$

该项满分为4分。达到100%的，得满分；未达到100%的，每降低1%扣0.2分，扣完为止。

2. 城市建成区路网密度和道路面积率达标率

（1）指标内容

①城市建成区内道路网的总里程与建成区面积的比值（单位：公里/平方公里）。

②城市建成区内道路用地总面积与建成区面积的比值。

（2）计算方法

①城市建成区路网密度。

$$城市建成区路网密度 = \frac{城市建成区内道路网总里程}{建成区面积} \quad （附2-2）$$

该项满分为2分。城市建成区路网密度达到5.2公里/平方公里的，得满分；未达到的，按直线内插法计算得分。

②城市建成区道路面积率。

$$城市建成区道路面积率 = \frac{城市建成区内道路用地总面积}{建成区面积} \times 100\%$$

（附2-3）

该项满分为2分。城市建成区道路面积率达到8%的，得满分；未达到的，按直线内插法计算得分。

3. 客货运输场站一体化水平

（1）指标内容

①市（县）城区内三级以上汽车客运站与城市公交站点的换乘便捷情况。

②物流节点实现干线运输与县域内分拨配送的有效衔接，集聚整合物流资源，统筹组织县域内农村运输服务的情况。

（2）计算方法

①该项满分为2分。市（县）城区内三级以上汽车客运站与城市公交站点的换乘距离小于300米的，得2分；每一个三级以上汽车客运站不满足扣0.5分，扣完为止。没有三级以上汽车客运站或没有开通城市公交的，该项不得分。

②该项满分为2分。物流节点实现干线运输与县域内分拨配送的有效衔接的，得1分；能够集聚整合物流资源，统筹组织县域内农村运输服务的，得1分；未实现的，不得分。

4. 农村公路列养率

（1）指标内容

行政区域内落实日常养护经费和人员的农村公路里程占农村公路总里程的比例。

（2）计算方法

$$农村公路列养率 = \frac{落实日常养护经费和人员的农村公路里程}{农村公路总里程} \times 100\% \quad （附2-4）$$

该项满分为3分。达到100%的，得满分；未达到100%的，按直线内插法计算得分。

5. 优良中等路率

（1）指标内容

优良中等公路里程占行政区域内公路总里程的比例。

（2）计算方法

$$优良中等路率 = \frac{优良中等公路里程}{公路总里程} \times 100\% \quad （附2-5）$$

该指标满分为3分，达到75%的，得满分；未达到75%的，按直线内插法计算得分。

（二）客运服务一体化发展水平

6. 建制村通客车率

（1）指标内容

行政区域内建制村通客车率。

（2）计算方法

$$建制村通客车率 = \frac{通客车的建制村数}{建制村总数} \times 100\% \quad （附2-6）$$

其中，岛屿建制村通船视为通客车。

该项满分为10分。建制村通客车率达到100%的，得满分；未达到100%的，每降低1%扣1分，扣完10分为止。

7. 城市建成区公交站点 500 米覆盖率

（1）指标内容

城市建成区内公共交通站点 500 米半径覆盖面积与建成区面积的比例。

（2）计算方法

$$\text{城市建成区公交站点500米覆盖率} = \frac{\text{公共交通站点500米半径覆盖面积}}{\text{建成区面积}} \times 100\%$$

（附 2-7）

其中，公共交通站点包括公共汽电车站点和轨道交通站点，轨道交通站点位置按照进出站口位置计算；建成区面积中可扣除无法通达公共交通的特殊区域面积（如公园、机关大院、军事区域等）。

该项满分为 5 分。中心城区公交站点 500 米覆盖率达到 100% 的，得满分；未达到 100% 的，每降低 1% 扣 0.2 分，扣完为止。

8. 城乡道路客运车辆公交化率

（1）指标内容

行政区域内城市公共汽电车辆和公交化运营的农村客运车辆数之和，占行政区域内所有城乡道路客运车辆数的比例。

（2）计算方法

$$\text{城乡道路客运车辆公交化率} = \frac{\text{城市公共汽电车辆数+公交化运营的农村客运车辆数}}{\text{城乡道路客运车辆数}} \times 100\%$$

（附 2-8）

其中，城乡道路客运车辆包括城市公共汽电车辆和农村客运车辆；公交化运营的农村客运车辆是满足以下条件的农村客运车辆：

①票价标准低于普通农村客运班线的 15% 以上；

②有确定的首末班发车时间，线路长度在 30 公里以内的日均发班次不低

于 6 班，线路长度在 30 公里以上的日均发班次不低于 4 班；

③停靠途经建制村，在沿途停靠站点设置站牌并公布班次信息；

④在该条线路上运营的车辆统一了服务标准、车型配置、外观标志和车内配套设施。

该指标满分为 5 分，达 100% 时得满分，未达到 100% 的，按直线内插法计算得分。行政区域内全域都开通了城市公交的，该项指标默认满分。

9. 城乡道路客运车辆交通责任事故万车死亡率

（1）指标内容

行政区域内城乡道路客运车辆发生的交通责任事故（负同等及以上责任的交通事故）死亡人数与行政区域内城乡道路客运车辆数的比例（单位：人/万车）。

（2）计算方法

$$\text{城乡道路客运车辆交通责任事故万车死亡率} = \frac{\text{城乡道路客运车辆交通责任事故死亡人数}}{\text{城乡道路客运车辆数}/10000} \times 100\%$$

（附 2-9）

该项满分为 4 分。每增加 1 人/万车扣 0.1 分，扣完为止。

10. 城乡客运信息化水平

（1）指标内容

①行政区域内通过互联网对外动态发布城乡客运信息情况。

②农村客运车辆动态监控设备安装使用率。

③二级以上汽车客运站省域道路客运联网售票覆盖率。

（2）计算方法

①该项满分 2 分。行政区域内普遍通过互联网对外动态发布城乡客运信息的，得 2 分；部分运营单位通过互联网对外动态发布城乡客运信息的，得 1 分。

②动态监控设备安装使用率。

$$动态监控设备安装使用率 = \frac{安装使用动态监控设备的农村客运车辆数}{农村客运车辆总数} \times 100\%$$

（附2-10）

该项满分为2分。农村客运车辆动态监控设备安装使用率达到100%的，得2分，未达到100%的，按直线内插法计算得分。如已实现全域公交的，得2分。

③二级以上汽车客运站省域道路客运联网售票覆盖率。

$$二级以上汽车客运站省域道路客运联网售票覆盖率 = \frac{实现省域道路客运联网售票的二级以上汽车客运站数量}{二级以上汽车客运站总数} \times 100\%$$

（附2-11）

该项满分为2分。二级以上汽车客运站省域道路客运联网售票覆盖率达到100%的，得2分；未达到100%的，按直线内插法计算得分。

（三）货运物流服务一体化发展水平

11. 建制村农村物流服务覆盖率

（1）指标内容

行政区域内开通货运物流、邮政、快递等一项或多项服务的建制村数量占行政区域内全部建制村数量的比例。

（2）计算方法

$$建制村农村物流服务覆盖率 = \frac{开通货运物流、邮政、快递等服务的建制村数量}{全部建制村数量} \times 100\%$$

（附2-12）

该项满分为10分。建制村农村物流服务覆盖率为100%的，得满分；未达到的，按直线内插法计算得分。

12. 乡镇农村物流节点覆盖率

（1）指标内容

行政区域内建有农村物流节点的乡镇数量占行政区域内全部乡镇数量的比例。

（2）计算方法

$$乡镇农村物流节点覆盖率 = \frac{建有农村物流节点的乡镇数量}{全部乡镇数量} \times 100\% \quad （附2-13）$$

其中，农村物流节点是指农村物流场站、快递网点、邮政网点或设有物流服务功能的客运站场等。

该项满分为8分。当乡镇农村物流节点覆盖率达到100%的，得满分；未达到100%的，按直线内插法计算得分。

13. 运输站场综合利用率

（1）指标内容

具备管理、综合服务、客运、货运、邮政、快递等三种及以上功能的运输站场设施数量占全部站场设施数量的比例。

（2）计算方法

$$运输站场综合利用率 = \frac{具备三种及以上功能的运输站场设施数量}{站场设施总量} \times 100\%$$

$$（附2-14）$$

该项满分为6分。站场综合利用率达到100%时，得满分；未达到100%的，按直线内插法计算得分。

（四）城乡交通运输一体化发展环境

14. 组织保障情况

（1）指标内容

①城乡交通运输一体化水平纳入当地全面建成小康社会目标或年度工作目

标情况。

②县级人民政府组织相关部门建立责任分工明确的工作机制的情况。

（2）计算方法

①该项满分为4分。将城乡交通运输一体化水平纳入当地全面建成小康社会目标或年度工作目标的，得2分；未纳入的，不得分。落实相关目标情况的，得2分；未落实的，不得分。

②该项满分为4分。县级人民政府组织交通运输、发展改革、财政、公安、国土、住房城乡建设、农业、商务、扶贫、邮政、供销等部门建立责任分工明确的工作机制的，得2分；未建立的，不得分。工作机制运行良好的，得2分；不满足的，酌情扣分。

15. 安全保障情况

（1）指标内容

①行政区域内通客车农村公路中，已实施安全隐患治理的里程数占总里程的比例。

②农村客运班线通行条件联合审核机制运行情况。

（2）计算方法

①通客车农村公路安全隐患治理率。

$$\text{通客车农村公路安全隐患治理率} = \frac{\text{通客车农村公路中已实施安全隐患治理的里程数}}{\text{通客车农村公路总里程}} \times 100\%$$

（附2-15）

该项满分为3分。通客车农村公路安全隐患治理率达到100%的，得3分；未达到100%的，按直线内插法计算得分。

②该项满分为3分。县级有关部门建立农村客运班线通行条件联合审核机制，且对新增农村客运班线实行通行条件审核的比例达到100%（含当年无新增农村客运班线）的，得3分；县级有关部门建立农村客运班线通行条件联合

审核机制，但未有效执行的，得1分；未建立农村客运班线通行条件联合审核机制的，不得分。

16. 经费保障情况

（1）指标内容

县级人民政府制定财政补贴政策，保障农村公路建设、养护、管理和农村客货运输、农村邮政、城市公交等城乡交通运输服务稳定运营的情况。

（2）计算方法

该项满分为4分。县级人民政府制定了有效财政补贴政策，保障农村公路建设、养护、管理和农村客货运输、农村邮政、城市公交等城乡交通运输服务稳定运营的，得4分；不满足的，酌情扣分。

17. 跨业融合情况

（1）指标内容

①交通运输企业与邮政、快递等企业的合作情况。

②依托资源产业、生态旅游、电子商务等资源发展农村物流，支撑农村地区经济发展的情况。

（2）计算方法

①该项满分为4分。行政区域内交通运输企业与邮政、快递等企业签署合作协议，总结形成交邮合作经验的，得2分；未形成交邮合作经验的，不得分。开展农村客车携带小件运输业务的，得2分；未开展的，不得分；已实现全域公交的，得2分。

②该项满分为2分。依托特色产业、生态旅游、电子商务等资源，以物流运输为载体有效整合生产、流通加工、销售等环节，对促进一二三产业融合，农村地区经济发展起到支撑保障作用的，得2分；不满足的，酌情给分。

18. 规划及管理保障情况

（1）指标内容

①对城乡交通运输一体化发展进行合理规划的情况。

②农村客运采用"一县一公司"方式统筹管理的情况。

（2）计算方法

①对城乡交通运输一体化发展进行了合理规划，在县级相关规划中包含了城乡交通基础设施、城乡客运、城乡物流等方面的规划内容，并明确了推进城乡交通运输一体化发展的相关建设项目、资金、进度安排的，得2分；不满足的，酌情扣分。

②所有农村客运车辆由1家公司经营管理，采用公车公营模式管理的，得2分；不满足的，不得分。

（五）加分项

19. 贫困县建制村通客车进展情况

（1）指标内容

贫困县建制村通客车工作年度进展情况。

（2）计算方法

该项满分为3分。上一年度贫困县的建制村通客车率每提高1%，加1分，最多加3分。

其中，贫困县是指属于《"十三五"交通扶贫规划》中确定的1177个贫困县（市、区、行委）。

20. 经验宣传推广情况

（1）指标内容

典型经验的总结和交流情况。

(2)计算方法

该项满分为 2 分。在部、省级农村交通运输的现场会、电视电话会上作典型经验交流的,或在中央主流媒体上有城乡交通运输一体化发展相关经验报道的,加 2 分。

二、市县城乡交通运输一体化发展水平分级

市县城乡交通运输一体化自评估总分为 100 分(另有加分项 5 分),自评估结果分为 5 个等级,分级标准见附表 2-1。

城乡交通运输一体化发展水平分极标准　　附表 2-1

分值	90 分及以上	80~89 分	70~79 分	60~69 分	60 分以下
分级	AAAAA	AAAA	AAA	AA	A

三、省(自治区、直辖市)城乡交通运输一体化发展水平分级

(一)省(自治区、直辖市)总体发展水平计算方法

$$\text{省(自治区、直辖市)城乡交通运输一体化发展综合分值} = \frac{\sum \text{开展自评估的县级行政区和城市主城区城乡交通运输一体化发展水平自评估分值}}{\text{开展自评估的县级行政区和城市主城区总数}}$$

(附 2-16)

(二)结果分级

根据省(自治区、直辖市)综合分值,对照城乡交通运输一体化发展水平分级标准计算得到省(自治区、直辖市)分级结果,并分别计算 AAAAA、AAAA、AAA、AA、A 等各级别市县占比。